Des mêmes auteurs, aux éditions Leduc.s

Le régime Okinawa, 2005.

D'Anne Dufour, aux éditions Leduc.s

Le grand livre du régime Okinawa, avec Carole Garnier, 2013.
Les superaliments santé, 2012.
Mes petites recettes magiques sans sel, avec Carole Garnier, 2012.
Mes petites recettes magiques aux superfruits, avec Carole Garnier, 2012.
Le régime Portfolio anticholestérol, avec Isabelle Delaleu, 2012.
Mes recettes magiques au konjac et aux shiratakis, avec Carole Garnier, 2012.
Brûle-graisses, avec Carole Garnier, 2012.
Mes petites recettes magiques aux protéines végétales, avec Carole Garnier, 2011.
Le grand livre de l'équilibre acido-basique, avec Catherine Dupin, 2011.
Mes petites recettes magiques antidiabète, avec Carole Garnier, 2011.
Mes petites recettes magiques aux oméga 3, avec Carole Garnier, 2011.
Mes petites recettes magiques anticholestérol, avec Carole Garnier, 2011.
Mes petites recettes magiques hyperprotéinées, avec Carole Garnier, 2011.
Mes petites recettes magiques à l'agar-agar, avec Carole Garnier, 2010.
Ma bible de la santé nature, 2010.
Les meilleurs aliments anticancer, 2008.

Maquette : Sébastienne Ocampo
Illustrations : Fotolia

17, rue du Regard
75006 Paris – France
E-mail : info@editionsleduc.com
ISBN : 978-2-84899-633-2

Quotidien Malin est une marque des éditions Leduc.s

ANNE DUFOUR LAURENCE WITTNER

MES PETITES RECETTES MAGIQUES AU QUINOA

QUOTIDIEN MALIN
ÉDITIONS

SOMMAIRE

INTRODUCTION

Le quinoa est un aliment essentiel de l'Amérique du Sud, où il est cultivé depuis plus de 5 000 ans. Avec la pomme de terre et le maïs, il constituait la base de l'alimentation des Incas.

Chez nous, porté par ses qualités nutritives exceptionnelles et son goût très doux qui plaît aux palais les plus difficiles, le quinoa apporte avec lui l'air pur des hauts plateaux des Andes. Tandis qu'à l'autre bout du monde, la survie de villages entiers s'organise autour de lui. Les populations locales cultivent la plante sous sa forme la plus noble – bio et, le plus souvent, solidaire.

On trouve désormais du quinoa bio et commerce équitable au supermarché du coin. Et, depuis peu, dans mon jardin. Pourquoi pas dans le vôtre ?

Récapitulons : avec le quinoa, on mange plus de végétal, on équilibre donc mieux son alimentation, on se régale, on fait la part belle au bio et au commerce équitable, le tout pour une somme dérisoire au magasin en bas de chez soi. Difficile de cumuler plus d'avantages !

QUELLE HISTOIRE !

Il était une fois une petite graine, qui voilà très, très longtemps, à l'ère précolombienne, décida d'établir son camp de base sur la cordillère des Andes. Solitaire dans l'âme, elle admettait la présence sporadique de quelques pommes de terre, orge et fèves, mais aucun arbre n'était toléré sur son territoire. Ou plutôt, aucun n'aurait supporté le climat épouvantable, considéré comme l'un des plus difficiles de la planète, parce que toutes les colères du monde semblent s'y retrouver pour des démonstrations de force.

Mais le quinoa, petite graine blanche sans prétention, s'y trouvait bien. Sur place, elle décida de coloniser les zones les plus rudes. Délaissant avec mépris le luxe des climats tempérés et la quiétude des zones humides, elle leur préféra l'altitude, les conditions extrêmes, les terres à la limite du désert. Elle devint, du coup, la graine sacrée des peuples andins qui l'appelèrent, en indien, « graine-mère ». Elle les nourrit aujourd'hui encore, et elle n'a, à leurs yeux, rien perdu de son caractère sacré.

C'est que Pachamama, déesse de la fertilité, n'a pas non plus pris une ride : elle veille sur l'abondance agricole. Quelle que soit la météo, la récolte sera là. L'un des mystères de cette merveilleuse petite graine qu'est le quinoa.

Aujourd'hui, la graine a fait son chemin, mais sans concession : elle n'a pas évolué d'un iota, ce qui est rarissime dans le domaine alimentaire. Le blé cultivé de nos jours, par exemple, n'a qu'un lointain rapport avec celui qui poussait sur notre planète voilà des centaines d'années ! Au fil du temps, l'homme s'est ingénié à sélectionner et « modifier » cette céréale pour la rendre plus forte, plus lucrative, plus facile à cultiver, à récolter, à transformer. Il a inventé des produits chimiques spéciaux uniquement pour elle, etc. Rien de tout cela avec le quinoa, cultivé aujourd'hui comme à l'origine, forcément biologique, forcément ancestral. La tradition a du bon !

PLAIDOYER POUR LES PROTÉINES VÉGÉTALES

Les spécialistes essaient par tous les moyens de nous faire manger davantage d'aliments végétaux et moins de produits animaux. Hélas, nous consommons deux fois trop de protéines d'origine animale et pas assez d'origine végétale. La question n'est pas de devenir végétarien (quoi que ceux-ci se portent souvent plutôt mieux que la moyenne : moins de maladies cardiaques – car moins de cholestérol, d'hypertension –, moins de cancers), mais de manger plus de céréales, de légumes secs et de végétaux en tous genres. La seule façon de se procurer suffisamment de protéines par ce biais, c'est de préparer de bons petits plats de quinoa, de tofu (dérivé du soja), de céréales complètes, de légumes secs, accompagnés de graines et de fruits oléagineux.

Pourquoi manger davantage de protéines végétales ? Dans l'aliment, les protéines sont liées aux graisses, sucres et minéraux. S'il s'agit de bonnes graisses, comme toujours dans les végétaux, tant mieux. Sinon, comme souvent dans la viande ou certaines charcuteries, dommage ! Les mauvaises graisses menacent le cœur, accroissent le risque de cancer, d'allergie, de diabète et de bien d'autres maux encore. C'est pourquoi choisir les bonnes sources de protéines est si important : elles sont alors accompagnées de substances nutritionnelles bénéfiques à la santé et, en plus, elles aident à contrôler le poids.

L'idéal, c'est un peu de protéines animales et beaucoup de protéines végétales. Les unes et les autres se complètent pour un menu vraiment équilibré et riche en nutriments divers. En effet, règne animal et règne végétal n'apportent pas les mêmes éléments : par exemple, il n'y a pas du tout de fibres dans les viandes, poissons, œufs et compagnie… mais il n'y a pas de vitamine B12 dans les végétaux ; ou encore on ne trouve pas de vitamine C dans les aliments d'origine animale, mais le zinc des végétaux est très mal assimilé ! Bref, si nous sommes omnivores, il y a une raison : nous devons manger de tout pour couvrir l'ensemble de nos besoins. À condition de respecter un certain équilibre !

2013, L'ANNÉE DU QUINOA

La FAO (Organisation des Nations Unies pour l'alimentation et l'agriculture) a déclaré 2013 année du quinoa. Cette consécration vient couronner les efforts des populations andines, qui ont su préserver et valoriser cette graine ancestrale extraordinairement nutritive. Si le calendrier maya a été quelque peu raillé fin 2012 (principalement en raison d'une mauvaise interprétation, car en réalité il ne prévoyait pas vraiment la fin du monde, heureusement !), personne ne songerait à sourire du quinoa, véritable superaliment, affectueusement surnommé par les Incas « mère de tous les grains » (*chisiya mama*). Le Pérou et la Bolivie restent aujourd'hui les deux principaux producteurs de cette graine fascinante, même si l'Équateur et le Colorado (USA) en font pousser un petit peu aussi. De même que certains producteurs dans le Val de Loire, en France, depuis 2009, sur plus de 300 hectares maintenant. Et sans pesticides, s'il vous plaît. Cela grâce aux efforts des agronomes qui ont réussi à adapter la graine de quinoa au climat français – une histoire qui a duré tout de même plus de 20 ans !

Sur un plan diététique, le quinoa n'est pas une céréale, elle ne contient pas, par exemple, de gluten. C'est une graine (même famille que la betterave ou les épinards) riche en protéines, en outre complètes – contrairement, là encore, aux céréales, auxquelles il manque toujours un acide aminé ou un autre (lysine, méthionine ou cystine généralement) pour fournir des protéines dites « complètes » à l'homme. C'est donc un incontournable pour qui veut manger moins de viande et/ou de poisson tout en ayant son « quota » de protéines. Sans parler de sa teneur en fibres, minéraux (notamment le magnésium), vitamine E (antioxydante). Il renferme même des « bons acides gras » ! Par ailleurs, son index glycémique (IG) est très, très bas. Bien plus bas que celui des pâtes ou du riz par exemple. Une excellente nouvelle pour les diabétiques ainsi que pour tous ceux qui font attention à leur poids et/ou cherchent à consommer des aliments « anti-âge ». Nous tous, donc !

Et pour finir, son indice Pral (mesure de l'acidité ou de l'alcalinité d'un aliment) est exemplaire = - 0,19, ce qui le rend très peu acidifiant, donc, là encore, recommandé au quotidien.

Sur un plan éthique, le quinoa est en quelque sorte victime de son succès. Cultivé en Bolivie, il était la nourriture de base de nombreux Boliviens mais, en raison d'une demande occidentale énorme ces dernières années, il est devenu trop cher pour eux. Sans parler des cultures de quinoa devenues quasi intensives, toujours pour répondre aux commandes, peu compatibles avec l'écologie fragile du pays. Heureusement, les choses semblent progressivement s'arranger, même s'il reste du chemin à parcourir. En attendant, il est important de choisir un quinoa issu du commerce équitable. Ou, pourquoi pas, de le faire pousser soi-même : objectif zéro empreinte carbone !

DU QUINOA DANS MON JARDIN

Jardinier amateur, vous avez peur de « rater », que ça ne pousse pas, que votre quinoa ne ressemble à rien ? Pas de quoi être effrayé, tout va très bien se passer. Certes, le quinoa impose le respect dû à ses origines. Mais cette petite graine a l'élégance de se montrer docile même si vous n'avez pas trop la main verte. Cerise sur le gâteau, les oiseaux laisseront vos récoltes tranquilles car la substance amère (saponine) qui entoure leurs graines n'est pas à leur goût. Au vôtre non plus, mais vous, vous savez qu'il vous suffit de rincer le tout pour vous en débarrasser !

- Semez vos graines dans des petits pots protégés (ou des germoirs), au printemps, vers la mi-mars c'est très bien.
- Dès que les plants ont suffisamment grandi, replantez le tout dans des pots plus grands.
- Une fois qu'ils ont atteint une taille sérieuse, mettez-les en terre. Et laissez faire la nature !
- Quand les graines commencent à se détacher des inflorescences, c'est-à-dire normalement vers la mi-août, vous pouvez récolter : coupez les tiges juste sous l'inflorescence et mettez à sécher vos « bouquets » tête en bas

sous abri. Il suffit ensuite de battre les graines dans un seau, elles tombent quasiment toutes seules.

- Passez-les au travers d'un tamis pour éliminer les impuretés et autres tiges, feuilles…
- Faites tremper vos graines dans de l'eau fraîche pendant plusieurs heures, en changeant l'eau jusqu'à ce qu'il n'y ait plus aucune substance mousseuse apparente (= saponines amères).
- Vous pouvez cuisiner votre quinoa !

Remarque : le quinoa supporte beaucoup de choses, mais pas tout non plus. Oubliez si vous habitez dans une région trop chaude, trop sèche ou au contraire trop humide.

QUINOA : MINI-GRAINE, MAXI-BIENFAITS

LES 15 MEILLEURES RAISONS DE MANGER DU QUINOA

Aucun doute, notre petite graine force l'admiration. Elle n'a pas fini de nous étonner ! On la considère facilement comme une céréale tant elle ressemble, par exemple, au millet et, pourtant, ce n'en est pas une. Elle s'y apparente, mais il s'agit en fait d'une plante herbacée (dont on peut aussi manger la feuille) de la famille des Chénopodiacées, autrement dit de la bette à carde, des betteraves et des épinards.

Le quinoa ne manque pas d'atouts pour nous séduire. Panorama des 15 principaux.

1. Il possède un taux de protéines élevé : il « nourrit »

Le quinoa renferme plus de protéines que le blé, pourtant de consommation bien plus courante. D'ailleurs, il en renferme plus que n'importe quelle autre « graine » : certaines variétés en contiennent jusqu'à 20 %, ce qui est énorme ! Au point que les experts de la FAO le comparent à du lait en poudre.

Les nutritionnistes conseillent depuis des années d'augmenter nos apports en protéines d'origine végétale. Le quinoa recueille donc leurs faveurs. Sans doute est-ce pour cette raison que l'Académie nationale des Sciences (USA) l'a sacré « meilleure source de protéines du monde végétal » ! D'autant que, contrairement aux céréales, le quinoa renferme des protéines dites « complètes », parfaitement équilibrées, c'est-à-dire avec tous les acides aminés dont nous avons besoin. Sur un plan strictement « végétarien », c'est donc la source végétale la plus intéressante en protéines ; elle complète même le célébrissime soja, légèrement « inférieur » au quinoa !

Et, comme toute magicienne, elle complète également n'importe quelle autre source de protéines, comme les lentilles, le maïs ou les haricots secs par exemple, pour procurer un plat équilibré. Autrement dit, si vous vous préparez un plat végétarien mais que vous n'y connaissez rien en protéines et en association céréales/légumineuses, prévoyez un peu de quinoa dans un coin de votre assiette, cela vous procurera une sécurité nutritionnelle. En effet, le blé et le maïs manquent de lysine, les légumineuses manquent de méthionine, cystine, arginine… et le quinoa ne manque de rien du tout !

2. Il ne renferme pas de gluten : il est super-facile à digérer

Le quinoa est un aliment particulièrement intéressant pour les personnes intolérantes au gluten (maladie cœliaque), ainsi que pour toutes celles qui souhaitent simplement varier leur alimentation. Rappel : les intolérants au gluten digèrent mal une protéine (le gluten) présente dans certaines céréales (seigle, blé, orge) et dans tous leurs produits dérivés (pain, pizza, farine, pâtes…).

L'intolérance au gluten concerne 1 personne sur 100 (c'est énorme !) et la plupart d'entre elles ne le savent pas ! En effet, si les symptômes sont spectaculaires chez l'enfant (diarrhées, vomissements, abdomen augmenté de volume), ils se font bien plus discrets chez l'adulte : douleurs abdominales, alternance de diarrhées et de constipation, manifestations cutanées (plaques, boutons…), fatigue… Autant de signes avec lesquels les intolérants qui s'ignorent ont appris à vivre au quotidien et qu'ils imaginent « normaux » : « J'ai toujours été comme ça. » Ce n'est pas une raison pour continuer !

Les féculents et céréales sans gluten : quinoa, riz, maïs, millet, pomme de terre, soja, sarrasin, tapioca (manioc), sésame, sorgho, fèves.

C'EST QUOI LE GLUTEN ?

Ce sont des protéines spéciales que l'on retrouve dans certaines céréales (blé, avoine, seigle, orge, kamut, épeautre...) et bien sûr dans leurs produits dérivés (pain, crêpe, pizza, gaufre...). Les intolérants au gluten digèrent mal ces protéines, et le gluten, en plus, agresse leurs muqueuses digestives. À terme, les conséquences peuvent être graves. Outre l'inconfort digestif, il y a des carences nutritionnelles inévitables. Selon l'Afdiag (Association française des intolérants au gluten), il y aurait jusqu'à 500 000 intolérants au gluten rien qu'en France, dont 15 % environ, seulement, seraient diagnostiqués ! Intolérantes au gluten ou non, de plus en plus de personnes se tournent vers des aliments n'en contenant pas, ne serait-ce que pour élargir leur palette gustative. La curiosité des papilles, quoi de mieux pour découvrir de nouveaux aliments, de nouveaux goûts, de nouveaux horizons ? Saviez-vous que la curiosité, y compris alimentaire, stimulait le cerveau et le rendait plus performant ?

3. C'EST UN SUPERALIMENT : UN SUPERHÉROS DANS VOTRE PLACARD

Le quinoa renferme de bonnes quantités de protéines, de sucres lents et un peu de « bons gras », mais sa teneur en micronutriments est aussi très impressionnante. Il contient du fer, du zinc, du magnésium, du manganèse, du potassium, du cuivre et surtout du calcium... bien plus que le blé ! C'est aussi une bonne source de vitamines B et E. Quant au quinoa germé, il explose tous les quotas, notamment en vitamine C (voir recette p. 84). C'est le « monsieur + » du placard.

EN G POUR 100 G	QUINOA	BLÉ COMPLET*	RIZ COMPLET*
Protéines	11,2	9	8,2
Lipides	5,4	2	2,5
Glucides	70,7	62	74
Fibres	7,9	2,3	3
Minéraux	0,64	1,8	0,7
Calories	375	320	360

** Lors du raffinage, pour obtenir de la farine blanche ou du riz blanc, la majeure partie des vitamines, minéraux et fibres sont éliminés. Le quinoa n'est jamais raffiné.*

4. Il apporte des bonnes graisses : mini-graine maxi-protection

Le quinoa est plus riche en graisses que les céréales. Bien sûr, on n'imagine pas, à la regarder comme ça, que cette petite graine participe à la couverture de nos besoins en acides gras. Elle renferme pourtant en grande majorité des acides gras insaturés, dont les célébrissimes oméga 3. L'envers de la médaille, c'est qu'un paquet de quinoa, une fois entamé, est un peu plus fragile qu'un paquet de pâtes ou de riz. Il risque davantage de rancir et il est nécessaire de le stocker à l'abri de la chaleur et de la lumière.

Le quinoa n'est décidément pas radin. En plus des acides gras classiques que nous venons d'évoquer, c'est aussi une très bonne source en lécithine, un composant majeur pour toutes les cellules du corps, et particulièrement celles du cerveau. Lorsqu'on veut faire « phosphorer » les étudiants avant leurs examens, on leur donne de la lécithine ! La lécithine est une substance naturellement produite par l'organisme et présente dans la bile. Son rôle est d'aider à garder le cholestérol en suspension, afin qu'il ne se dépose pas n'importe où. Normalement, nous en fabriquons suffisamment, mais ce n'est pas toujours le cas ; les personnes victimes de calculs biliaires, par exemple, en manquent. Et surtout, la lécithine alimentaire, qu'elle vienne du quinoa ou du soja, deux sources courantes, vient renforcer la nôtre. Qui refuserait un coup de main, si on le lui proposait gentiment ? D'autant que ce n'est pas le travail qui manque : la lécithine joue de très nombreux rôles vitaux dans l'organisme. Pour résumer : c'est l'ennemi des mauvaises graisses, dont elle limite les effets nocifs.

Plus de détails ?

- Elle baisse le taux de cholestérol (elle diminue le « mauvais » et augmente le « bon »).
- Elle empêche le gras de s'accumuler et de former des caillots dans les artères.
- Elle interdit le dépôt de cholestérol sur la paroi des artères.
- Elle prévient l'athérosclérose, principale responsable des troubles cardio-vasculaires.

- Elle renferme de la vitamine E, antioxydant majeur du corps.
- Elle est recommandée aux personnes atteintes de calculs biliaires.
- Dans le cadre de la lutte antikilos, elle favorise la perte de graisses, surtout localisées.
- Elle aiguise la concentration et s'oppose aux trous de mémoire.
- En améliorant le fonctionnement cérébral, elle aide à lutter contre le stress.

D'ailleurs, nos organes les plus importants – comme le cœur, le cerveau et le foie – sont aussi ceux qui en hébergent le plus. On peut leur faire confiance pour discerner les bons éléments !

5. Il a un bon index glycémique : *diabetic friendly*

L'index glycémique d'un aliment indique si le sucre qu'il contient passe rapidement dans le sang ou non. Plus un sucre est rapide (index glycémique élevé), moins il est bon pour la santé. Plus un sucre est lent (index glycémique bas), plus il est recommandé.

L'index glycémique du quinoa est bas, ce qui signifie que cet aliment fournira une énergie très douce, qui se diffusera très lentement dans l'organisme. C'est parfait pour les neurones (bon fonctionnement du cerveau, humeur égale, bouclier antistress) et pour l'ensemble du corps.

Au contraire, les sucres rapides, fournis par exemple par les frites, la purée, les pâtes et le riz blancs (surtout en cuisson rapide), le pain blanc (baguette, pain de mie, pain polaire), passent très vite dans le sang, obligeant le pancréas à sécréter brusquement de l'insuline, afin de faire entrer tout ce sucre dans les organes pour qu'ils le brûlent et en tirent de l'énergie. Seulement voilà : à moins d'être en pleine séance de sport (et on imagine mal un sportif courir une barquette de frites à la main, mais tout est possible...), les organes ne savent justement pas quoi en faire. Ils veulent bien en extraire l'énergie, mais dans quel but ? Ainsi, les aliments renfermant des sucres rapides sont stockés, comme prévu par la nature, sous forme de graisses. Par ailleurs, la grande quantité d'insuline fabriquée pour l'occasion pose deux problèmes : d'abord cela épuise le pancréas, organe producteur d'insuline, et mène tout droit au diabète. C'est notamment parce que certains enfants mangent toute la journée des aliments à « sucre rapide » qu'ils deviennent diabétiques de plus en plus jeunes. Ensuite, cela provoque des variations de glycémie (taux de sucre dans le sang) responsables de sautes d'humeur et de fringales. Mauvais plan pour la ligne...

Moralité : mieux vaut manger des aliments à index glycémique bas, comme le quinoa, qui ne font pas grossir et sont bons pour la santé, que ceux à index glycémique rapide, mauvais pour la ligne et la santé.

INDEX GLYCÉMIQUE TRÈS BAS = OUI, À VOLONTÉ	Tous les légumes verts nature : à tous les repas.
INDEX GLYCÉMIQUE BAS = OUI, EN QUANTITÉ LIMITÉE	Le quinoa, les céréales complètes (y compris pâtes et riz), les légumes secs, le pain complet, les fruits, les yaourts.
INDEX GLYCÉMIQUE ÉLEVÉ À TRÈS ÉLEVÉ = NON (SURTOUT PRIS ISOLÉMENT)	Les bonbons, le lait concentré sucré, les fruits secs (figues, dattes, raisins, pruneaux...), le pain d'épices, les sorbets, les yaourts aux fruits, le nougat, la pâte d'amande, les caramels, les marrons glacés, les fruits confits, les confitures (et gelées) très sucrées, le miel tout seul, les gâteaux très sucrés (genre roulé à la confiture, meringues, biscuits secs...), les sucettes, les chewing-gums, le sucre en général (roux, blanc, glacé, candi, à la vanille, à la fleur d'oranger, à la cannelle...), les boissons sucrées (type soda surtout, les jus de fruits sont à voir au cas par cas), les produits dits de régime (biscuits, chocolat...) souvent très sucrés ou très gras. Attention aux céréales raffinées (pain, pâtes, riz blancs).

Note : Les aliments d'origine animale (viande, œufs, poisson...) ne renfermant aucun sucre, ils ne figurent donc pas dans ce tableau. Mais sachez qu'ils abaissent l'index glycémique de l'ensemble du repas.

6. Il est super-polyvalent : farine, pâtes, crème...

En mangeant les aliments dérivés de la graine de quinoa...

- on améliore son équilibre nutritionnel,
- on mange plus varié,
- on augmente ses apports en protéines végétales, ce qui est très bénéfique à la santé.

Il ne s'agit pas de remplacer systématiquement la farine de blé par celle de quinoa : l'une et l'autre n'ont d'ailleurs pas les mêmes propriétés. La farine de quinoa ne renfermant pas de gluten, la pâte ne peut pas « lever » (le gluten est indispensable à la levée de la pâte à pain ou à gâteau) et n'est d'aucune utilité en boulangerie ni en pâtisserie par exemple. Même chose pour les pâtes : de temps en temps « classiques », de temps en temps « quinoa », la variété, c'est la vie !

Il est possible cependant de remplacer une partie de la farine de blé par de la farine de quinoa dans une préparation pour pain ou gâteau, afin d'apporter une autre saveur. Même chose pour les pâtes où l'on peut rajouter une part de farine de quinoa à la semoule de blé dur (environ 10 % à 30 %).

7. Il est recommandé à la femme enceinte : antinausée certifié

Les femmes enceintes ont tout intérêt à consommer du quinoa, car elles ont davantage besoin de protéines et de minéraux qu'en temps « normal ». Or, augmenter ses apports en viande n'est pas la solution, puisqu'on en consomme déjà largement assez. Intégrer le quinoa à son alimentation, c'est en outre l'assurance d'éviter les fringales grâce aux sucres lents, et d'échapper aux nausées matinales, souvent exacerbées par des variations de glycémie (taux de sucre dans le sang). C'est encore plus spectaculaire si vous le préparez avec un peu de gingembre, *THE* antinausée des futures mamans.

8. Il est recommandé à la femme qui allaite : il favorise la lactation

Le quinoa est galactogène, c'est-à-dire qu'il favorise l'allaitement. Encore une bonne raison de l'intégrer régulièrement à ses menus !

9. Il est adapté aux enfants, même très jeunes

Le quinoa est particulièrement digeste du fait de l'absence de gluten.

En outre, on l'a vu, ses protéines sont équilibrées, donc propices à une croissance harmonieuse. Il apporte notamment de l'arginine, un acide aminé crucial pour l'enfant. Nécessaire à un développement normal, l'arginine stimule l'hormone de croissance. Chez l'adulte, qui ne grandit plus, cette hormone joue un rôle majeur dans l'immunité.

10. Il est bio et équitable, ce qu'on appelle un *clean food*

Bien sûr, le quinoa est la proie de certains parasites, il risque sa vie plus d'une fois sous les assauts de la grêle et du froid, peut attraper des maladies, comme toutes les cultures du monde. C'est pourquoi il est traité, protégé, aidé… mais pas n'importe comment ! Les Indiens de l'Altiplano, malins et respectueux de leur outil de travail, la terre, ont bien fait des tentatives avec nos pesticides classiques. L'opération était chère et empoisonnait toute la chaîne alimentaire, des insectes aux oiseaux, fragilisant l'écosystème. Ils ont bien vite abandonné ces techniques barbares pour revenir aux méthodes ancestrales, tout aussi efficaces, gratuites et totalement inoffensives pour l'environnement ! Antichampignons à base de plantes, insecticides à base de minéraux, obstacles mécaniques pour écarter les prédateurs (pierres plates par exemple, sur les semences), fumier… tout est conçu pour protéger les récoltes sans en détériorer les qualités nutritionnelles.

11. C'est un produit phare du commerce équitable : bien sous tous rapports

Lorsqu'on achète un produit estampillé « commerce équitable », portant par exemple le logo « Max Havelaar », on est sûr qu'il a été cultivé et récolté par un producteur du bout du monde, correctement payé pour son travail, et donc rémunéré à sa juste valeur. Par cet achat solidaire, citoyen du monde, on participe également à la vie du village local, car en payant un produit à son juste prix, on contribue directement à l'amélioration des conditions de vie des hommes, des femmes et des enfants. Construction d'écoles, de dispensaires, achat d'un bus ou autre transport collectif, etc.

Vous pourrez aussi dénicher du cacao, du café, du thé ou du riz « bio-équitable », profitez-en ! On peut très bien souhaiter préserver l'environnement ET les humains qui habitent la planète. En quoi est-ce incompatible ?

12. Il est imbattable sur le plan acido-basique

Le Pral (*Potential Renal Acid Load*) est l'outil de mesure acido-basique d'un aliment. Tous les aliments dont le chiffre est supérieur à 0 (donc +…) sont acidifiants. Plus le chiffre grimpe, plus l'aliment est acidifiant. Tous les aliments dont le chiffre est inférieur à 0 (donc - …) sont basifiants (ou alcalinisants), ou si vous préférez, équilibrants. L'équilibre acido-basique est l'équilibre chimique le plus essentiel de notre corps. Il est très important de le respecter au quotidien, et le quinoa y contribue pleinement. Quitte à manger des féculents chaque jour, mieux vaut que ce soit du quinoa que des pâtes ou du riz ! Rappel : les premiers signes d'un déséquilibre acido-basique sont une fatigue persistante le matin, et dans la journée en général ; des problèmes de peau ; des douleurs articulaires et musculaires. À long terme, un déséquilibre acido-basique peut perturber gravement et durablement l'organisme (ostéoporose notamment).

FÉCULENT	PRAL
Riz	De + 1,55 à + 3 (selon qu'il est blanc ou brun)
Quinoa	- 0,19
Spaghetti	De + 3 à + 4 (selon si pâtes blanches ou complètes)

13. C'EST TROP BON : À LA FOIS CROUSTILLANT ET DOUX

En bouche, la consistance du quinoa est vraiment sympa. Il est à la fois très doux, tout en ayant un « cœur » un peu « croustillant », c'est étonnant ! Un mariage détonnant qui donne un résultat « de caractère », que ce soit pour une salade froide (quinoa au thon), un plat chaud (steak + quinoa + courgettes), un dessert (façon « riz au lait » ou « semoule à la cannelle »). Avec le quinoa, on ne s'ennuie pas !

14. IL CONTIENT DES SAPONINES, PROBABLEMENT DIGESTIVES, ANTICANCER ET BONNES POUR LE CŒUR

Les saponines sont des molécules amères, c'est vrai. On dit qu'elles ont des propriétés antinutritionnelles, et c'est théoriquement vrai aussi. En réalité, il semble qu'elles n'empêchent pas de profiter des protéines, c'est l'essentiel. Et de toute façon, il n'y en a presque plus dans le quinoa disponible en supermarché chez nous, car il est préalablement lavé, donc débarrassé de ces saponines. En plus, elles sont dégradées à la cuisson, c'est dire si elles ne risquent pas de nous embêter.

D'un autre côté, elles sont observées à la loupe – ou plutôt au microscope ! – par les scientifiques pour leurs potentielles propriétés santé. En effet, elles seraient anti-inflammatoires et anticholestérol. Aussi, les chercheurs émettent l'hypothèse que le quinoa pourrait, via ses saponines (quand même !), être un bon aliment préventif anticancer et anti-maladies cardiaques. En plus, le côté « détergent » des saponines facilite probablement notre digestion : elles sont sans doute utiles aux humains et aux animaux à sang chaud… mais toxiques pour ceux à sang froid (insectes, poissons). Outre le quinoa, on trouve aussi des saponines dans le thé, la réglisse, les tomates, les pommes de terre, le ginseng, l'ail, de nombreux animaux marins…

COMME DU SAVON !

Si vous rincez du quinoa acheté en vrac, vous verrez peut-être une sorte de mousse remonter à la surface. Ce sont justement les saponines… utilisées comme de la lessive par les populations andines car elles ont des vraies propriétés tensioactives ! Cela dit, il n'en renferme pas beaucoup, comparé aux plantes dites « à saponines » telles que la saponaire (évidemment), le lierre grimpant, le marron d'Inde et la luzerne. Les fans de produits détergents *home-made* fabriquent leur lessive pour zéro euro avec ce type de plantes. Bon, il faut avoir le temps…

15. Il pourrait renforcer l'efficacité de certains vaccins

Des études sont en cours pour déterminer à quel point les saponines du quinoa « améliorent » l'efficacité de certains vaccins. Pour l'instant, il s'agit de travaux sur les animaux, mais les résultats sont encourageants et semblent indiquer que les saponines du quinoa augmentent la réponse du corps suite à une vaccination.

20 MENUS ARCHI-SIMPLES (ET SANTÉ) EN MODE QUINOA

Retrouvez les recettes en gras et en italique à partir de la p. 39.

1. Super-speed

- 1 poignée de jeunes pousses mélangées (salade en sachet)
- 2 belles tranches de jambon cuit + ***Quinoa à la sauce tomate***
- Yaourt nature au bifidus

2. Retour en enfance

- Salade de tomate au persil
- Steak haché, coquillettes au gruyère râpé (pour faire des fils)
- ***Quinoa au lait***

3. Acido-basique

- ½ melon
- Papillote de saumon + ***quinoa à l'eau*** + huile d'olive + muscade + courgettes
- Framboises

4. Extra-minceur (objectif petite robe noire)

- ***Cabillaud en parmentier de quinoa***
- Fromage blanc à la cannelle

5. Top circulation

- ***Vrai taboulé de quinoa***
- Steak + haricots verts + tomate à la provençale
- Soupe de fraises

6. Antihypertension

- Soupe de potiron
- Blanc de poulet grillé + pommes de terre + salade verte
- ***Quinoa aux fruits***

7. Coupe-faim

- Salade de carotte + pomme râpées
- Rôti de porc + ***quinoa à l'étouffée*** + petits pois
- Crème au cacao

8. Monomaniaque super-fibres

- ***Champignons farcis au pistou***
- ***Marmite primeur au quinoa***
- Mangue

9. La paix du ventre

- Carpaccio de bœuf tout simple
- ***Quinoa aux épices***
- ***Yaourt au quinoa***

10. Transit facile

- Guacamole, pain complet
- ***Lapin au quinoa et pruneaux***
- Pomme au four

11. 100 % végétarien (sans tofu)

- Soupe multi-légumes
- ***Pilaf de quinoa aux lentilles***
- Fraises

12. Le super-tradi

- Poireaux vinaigrette
- Steak grillé + ***quinoa à l'eau*** + brocolis
- Ananas

13. Comme à Marseille

- ***Terrine de maquereaux au quinoa***
- Omelette à la ratatouille, riz basmati
- Une corbeille de fruits grande comme ça

14. Viva italia !

- Petite salade de roquette aux pignons
- ***Pizza de quinoa aux oignons***
- Sorbet citron

15. Vendanges

- Salade feuille de chêne, comté, pomme, grains de raisin, noix
- Magret de canard aux pêches de vigne
- ***Figues farcies au quinoa amandine***

16. Rouge

- Poivrons rouges marinés à l'huile d'olive
- ***Tomates farcies***
- Mélange de fruits rouges (framboises, fraises, groseilles)

17. Autour d'un plat de pâtes

- 2 œufs coque
- ***Pâtes de quinoa aux légumes***
- Poire au chocolat chaud

18. Péché de gourmandise

- Velouté de champignons
- Pavé de saumon, épinards à la crème
- ***Gâteau choco-quinoa***

19. Ah ces Anglais !

- Sandwich club, belle salade verte
- ***Pudding au quinoa***

20. Tokyo light

- Soupe miso
- ***Steaks de tofu au quinoa***
- Thé vert

QUINOA, MODE D'EMPLOI

LE QUINOA : DES FORMES ET DES COULEURS...

Le quinoa a plus d'une ressource culinaire dans sa petite graine. Il peut sans problème se déguster de l'entrée au dessert, et même du matin jusqu'au soir, sous tant de formes différentes qu'on ne risque pas de se lasser.

DES FORMES

Graines de quinoa : c'est sous cette présentation que le quinoa est le plus utilisé, et sous cette forme qu'on le trouve le plus facilement dans les rayons des supermarchés ou des boutiques bio. Il ressemble alors à une semoule à gros grains, en un peu plus dur. À la cuisson, le germe éclate en une jolie spirale autour du grain devenu translucide.

Flocons de quinoa : comme les flocons d'avoine ou d'autres céréales, ils se retrouvent dans les mueslis ou comme liant à la cuisson rapide.

Farine de quinoa : obtenue à partir de graines moulues, elle garde une saveur particulière agréable dans les sauces ou quelques desserts ; elle s'utilise rarement seule, car ne contenant pas de gluten, elle ne peut servir aux pâtes levées (comme le pain ou les gâteaux).

Crème de quinoa : c'est une farine précuite, qui permet la cuisson de crèmes ou l'épaississement des soupes en quelques secondes.

Des couleurs

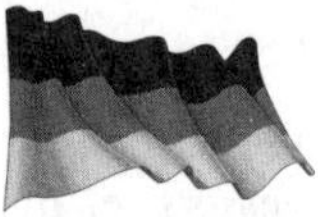

Quinoa blanc : l'essentiel de la production de quinoa est de cette couleur, c'est aussi le plus doux à déguster.

Quinoa rouge : un peu plus ferme que le blanc, il offre à la cuisson un aspect sympathique, le germe blanc entourant le grain resté rouge.

Quinoa noir : réservé aux amateurs, sa texture est plus craquante sous la dent.

LES CUISSONS

À l'étouffée : c'est la cuisson la plus courante pour la graine de quinoa, la base de la base (voir p. 44).

À l'eau : le quinoa peut se cuire aussi comme le riz, simplement plongé dans une grande quantité d'eau (voir p. 42).

Au four : dans un liquide ou une pâte humide, il s'imprègne des saveurs des ingrédients qui l'accompagnent, apportant, grâce à son germe qui éclate à la cuisson, une texture aérée à toutes les préparations.

À la poêle : le quinoa se cuit aussi très bien en pilaf ou en risotto ; légèrement grillé, il procure au plat une saveur délicieusement fumée.

LES PRÉPARATIONS

Quinoa chaud : nature ou agrémenté de légumes, il remplace le riz, les pâtes ou toute autre céréale aux côtés des plats de viandes ou de poissons. Il peut aussi former la base de nombreux plats complets, y compris végétariens.

Quinoa froid : cuit, puis refroidi, il est de toutes les salades composées, qu'elles soient salées ou sucrées. Il peut aussi très facilement se faire germer (voir p. 84) pour s'ajouter dans une assiette de crudités.

Quinoa à toutes les sauces : sous ses différentes formes, on peut aussi goûter au quinoa dans les gâteaux, les crêpes, les crèmes desserts, les sauces, les soupes, le pain, les gratins, les mueslis… et même quelques boissons !

ET DU GOÛT !

Il peut paraître un peu étrange, ou un rien trop exotique, à ceux qui ne le connaissent pas encore. Ne vous arrêtez pas à une première impression ! Achetez un paquet et testez n'importe laquelle des nombreuses recettes qui suivent. Vous ne pourrez qu'être conquis. Parce qu'il est rapide et très facile à cuisiner, mais surtout parce que le quinoa, c'est vraiment bon ! Promis, son goût unique plaît à tous. Une seule bouchée suffira à vous convaincre.

MES PETITES RECETTES MAGIQUES AU QUINOA

Cuissons de base et idée en plus

QUINOA À L'EAU

C'est la cuisson la plus simple et la plus facile pour le quinoa en grains, idéale pour les soupes, les purées, les gratins...

ÉNERGIE LONGUE DURÉE, COUPE-FAIM MINCEUR
POUR 4 PERSONNES
PRÉPARATION : 1 MINUTE
CUISSON : 15 MINUTES

INGRÉDIENTS : 250 g de graines de quinoa ; 1 grande casserole d'eau ; sel gris.

- Rincez le quinoa sous l'eau claire et égouttez-le.
- Déposez-le dans une grande casserole d'eau froide salée.
- Portez à ébullition, puis comptez 12 à 15 minutes de cuisson à frémissements, jusqu'à ce que tous les germes aient bien éclaté.
- Égouttez le quinoa. Les grains sont très tendres et assez compacts.

L'ASTUCE MAGIQUE. La cuisson est parfaite quand la graine devient translucide, le germe blanc formant comme une spirale tout autour.

POURQUOI CETTE RECETTE ? La cuisson à l'eau est la plus facile pour un premier contact avec le quinoa. Une casserole, de l'eau et un mode d'emploi exactement identique à celui des pâtes ou du riz.

La tête dans les étoiles

Il faut un sacré caractère pour décider de pousser sur les hauts plateaux de la cordillère des Andes. C'est pourtant le choix de cette petite graine, la seule à tenir tête à ce climat éprouvant qui la malmène à peine. Aucun autre végétal n'a eu son courage, tous ont abdiqué face au climat caractériel régnant sur cette zone géographique. Ici, la météo est à ce point fantasque que c'est au dieu du tonnerre, de la foudre, de l'éclair et de la pluie que les Incas s'adressent pour toute réclamation. Il s'appelle Libiac (ou porte un autre nom selon la zone de culture) et n'est pas du genre facile, comme on l'imagine.

Le quinoa résiste aux sécheresses presque extrêmes de l'été et au froid glacial de la mauvaise saison. Bien sûr, qui peut le plus peut le moins : il pousse aussi facilement sous des cieux plus cléments, par exemple chez nous… et même chez vous, dans un tout petit carré de terre, dans votre jardin (voir p. 13) !

Son ADN a beau avoir la tête dans les étoiles, quelque part dans les cimes andines, il s'accommode aussi d'un habitat moins spectaculaire. C'est le propre des « grands » : tout leur va.

QUINOA À L'ÉTOUFFÉE

C'est la cuisson la plus courante : elle est à la base de la majorité des recettes du quotidien. Elle convient parfaitement aux salades et sautés.

ÉNERGIE LONGUE DURÉE, COUPE-FAIM MINCEUR
POUR 4 PERSONNES
PRÉPARATION : 1 MINUTE
CUISSON : 12 MINUTES
REPOS : 3 MINUTES

INGRÉDIENTS : 2 verres de graines de quinoa ; 4 verres d'eau froide ; sel gris.

- Si vous le désirez (voir ci-contre), rincez le quinoa et égouttez-le. Déposez-le dans une casserole avec l'eau.
- Portez à ébullition, salez, réduisez le feu, couvrez et laissez frémir 12 minutes sans soulever le couvercle.
- Coupez le feu et laissez gonfler 3 minutes, à couvert.

L'ASTUCE MAGIQUE. Si le quinoa est servi seul en guise de céréales ou en plat complet, on compte 250 à 300 g de graines crues pour 4 personnes. C'est l'équivalent de 2 petits verres, un dosage pratique pour mesurer le liquide nécessaire à la cuisson : 2 volumes d'eau froide pour 1 volume de quinoa.

POURQUOI CETTE RECETTE ? La cuisson à l'étouffée permet au quinoa d'absorber toute l'eau : pas besoin d'égoutter, vous conservez ainsi la totalité des minéraux du quinoa. C'est à peine plus compliqué que le quinoa à l'eau de la recette précédente, il suffit de savoir remplir des verres. Et on ne salit pas une passoire !

Drôle de graine

La graine de quinoa est naturellement recouverte d'une substance amère appelée saponine. C'est une sorte d'insecticide intégré qui la protège des insectes et des oiseaux. Pour nous, humains, la saponine joue divers rôles. Son grand avantage : elle protège probablement du cancer du côlon, et de processus inflammatoires impliqués dans d'autres cancers et dans les maladies cardio-vasculaires. Ses inconvénients : elle pourrait, dans certains cas, entraver l'absorption de minéraux. Mais cela ne concerne qu'une consommation abusive, d'autant que la graine de quinoa disponible dans le commerce est rincée et débarrassée au maximum de cette couche de saponine (il faudrait ici ajouter un « s » tant il existe de nombreuses saponines différentes). N'empêche, il en reste un petit peu, responsable du goût très légèrement amer de votre quinoa, quel qu'en soit son mode de cuisson, et ce sans aucun effet néfaste sur la digestion.

C'est aussi ce qu'on aime chez lui ! Mais les goûts et les couleurs… À vous de voir si vous souhaitez rincer une dernière fois votre graine avant de la passer à la casserole. C'est toujours cette drôle d'enveloppe qui nous intrigue lorsque, pour la première fois, on cuit du quinoa. Sous l'effet de la chaleur, la pellicule externe des graines se tourne vers l'extérieur, modifiant totalement son apparence. C'est plus original que le millet, la céréale qui, crue, lui ressemble le plus et dont l'aspect reste rigoureusement identique après cuisson…

CHAPELURE DE QUINOA

Préparer une bonne chapelure « maison » au quinoa, sans matière grasse ni additif ? Rien de plus simple !

SANS GLUTEN
POUR 4 PERSONNES
PRÉPARATION : 2 MINUTES
CUISSON : 15 MINUTES

INGRÉDIENTS : 50 g de flocons de quinoa.

- Préchauffez le four à 180 °C (th. 6).
- Étalez les flocons sur une plaque et enfournez 15 minutes.
- Laissez refroidir, puis mixez, plus ou moins grossièrement, selon la finesse de la chapelure désirée.
- Utilisez-la ensuite comme une chapelure toute prête.

L'ASTUCE MAGIQUE. Les proportions indiquées donnent suffisamment de chapelure pour un gratin. Mais elle se conserve très bien dans une boîte hermétique : vous pouvez en préparer une bonne dose pour en avoir toujours un peu en réserve. Veillez simplement à ce que les flocons soient bien étalés sur la plaque et que la couche ne soit pas trop épaisse.

POURQUOI CETTE RECETTE ? Pour sortir des sentiers battus. Non, la chapelure, ce n'est pas forcément des biscottes écrasées. Non il n'y a pas que la farine de blé : celle de quinoa est délicieuse aussi, même si elle ne s'emploie pas de la même façon. Non, le quinoa, ce n'est pas seulement cette petite graine qui éclate joliment pour accompagner nos plats du jour. C'est tout un univers de saveurs, dont nous espérons vous avoir fourni un visa apte à vous donner envie de l'explorer plus avant.

Accessoires culinaires

La chapelure est un « accessoire culinaire ». Tout comme le bouillon de légumes ou les croûtons. Autrement dit : on peut s'en passer, mais pourquoi s'en priver ? Ce sont justement ces tout petits détails qui transforment un plat en véritable moment de plaisir.

Or, et c'est très sérieux, les scientifiques sont formels : le plaisir de manger est un élément extrêmement important pour la santé, d'une part, et pour la ligne, d'autre part. Ils nous rappellent que les saveurs, les couleurs et les textures jouent des rôles fondamentaux dans les sensations de satiété et de contentement après un repas. Les sens participent tous à cette fête triquotidienne du repas. Lorsqu'on prend du plaisir à manger, parce que l'aliment est de qualité, la confection visiblement menée avec soin, la présentation créative et sensuelle, la petite touche « en + » jamais oubliée, alors… on mange moins ! Nos sens, comblés, n'en demandent pas plus. Souvenez-vous-en lorsque vous préparerez cette chapelure. Ce n'est pas grand-chose, mais ça change tout !

Si ce sont les scientifiques qui le disent, alors…

Petits déjeuners

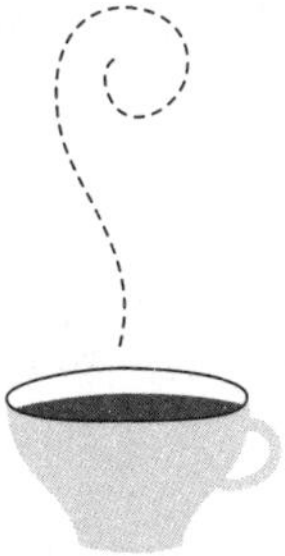

COCKTAIL DU MATIN AU QUINOA

Il reste un peu de quinoa du dîner d'hier soir ? Qu'il ait été cuit à l'eau (voir p. 42) ou à l'étouffée (voir p. 44), pourquoi ne pas le finir en cocktail vitaminé ?

SUPER-ACIDO-BASIQUE
POUR 4 PERSONNES
PRÉPARATION : 2 MINUTES

INGRÉDIENTS : 50 g de quinoa cuit ; 20 cl de pur jus d'orange ; 50 cl de pur jus de pomme ; 2 c. à s. de jus de citron.

- Mixez ensemble le quinoa, les jus de fruits et celui de citron jusqu'à obtenir un liquide un peu épais et mousseux. Allongez d'un peu d'eau, et dégustez sans attendre.

L'ASTUCE MAGIQUE. Les jus de légumes sont également excellents au petit déjeuner. Dans une version douce, prévoyez 40 cl de jus de carotte et 30 cl de jus d'orange.

Retrouvez ce cocktail à l'heure de l'apéritif, en allongeant les jus de fruits d'un peu d'eau pétillante, type Perrier. Décorez les verres d'une rondelle de citron vert. Essayez-le aussi avec du jus de tomate et un peu de sel au céleri.

LE + DE LA RECETTE. Le quinoa au petit déjeuner, c'est un bon moyen pour atteindre l'heure du déjeuner sans la moindre petite faim sur le coup des onze heures. Cette recette hyper-simple et imbattable côté timing est un menu 100 % énergie à elle seule : des protéines, des glucides et de la vitamine C pour bien démarrer la journée !

Tout le fruit dans le jus ?

Les jus de fruits dans un petit déjeuner quinoa, c'est oui ! Mais croire que le jus remplace le fruit frais, c'est non !

Si vous le pouvez, optez pour un smoothie frais (l'idéal étant le « fait-maison », préparé au dernier moment), qui se rapproche le plus du fruit frais car il possède encore ses fibres. Ou, sinon, du jus de fruits frais haut de gamme, disponible au rayon frais, avec toute sa pulpe.

Les « pur jus » classiques, en briques, qui vous attendent sagement loin du réfrigérateur, sont sans fibres et pasteurisés. Résultat, ce sont des mines de sucre (comparables à un soda), pauvres en vitamines. Pour les « restaurer », les industriels rajoutent de la vitamine C, voire « supplémentent » leurs jus en calcium. Des études très récentes montrent que la vitamine C ajoutée n'est pas identique à celle qui est « originelle », et que le calcium en question reste au fond de la bouteille ou sur les parois (même si on secoue énergiquement !).

QUINOA AUX FRUITS

5 minutes de préparation pour se réveiller, 15 minutes de cuisson pendant la douche : le petit déjeuner est prêt (et si bon !), et vous êtes à l'heure au travail...

SUPERANTIOXYDANT
POUR 4 PERSONNES
PRÉPARATION : 5 MINUTES
CUISSON : 15 MINUTES

INGRÉDIENTS : 100 g de graines de quinoa ; 2 poires ; 1 citron ; 50 g de raisins secs ; 1 gousse de vanille ; 1 c. à c. de cannelle en poudre ; 2 c. à s. de miel.

- Pressez le citron. Pelez les poires, coupez-les en morceaux et plongez-les dans 60 cl d'eau froide avec le jus de citron, le quinoa, les raisins secs, la vanille et la cannelle.
- Portez à ébullition, puis maintenez à petits frémissements pendant 15 minutes. Incorporez le miel en toute fin de cuisson et mélangez, le temps qu'il soit bien fondu.
- Servez chaud ou tiède.

L'ASTUCE MAGIQUE. À la place des 2 poires : 2 pommes ou 1 pomme et 1 poire, ou 1 pomme et 1 banane... Plutôt que des raisins secs : des cerneaux de noix, des noisettes concassées... Et pour changer de la cannelle, utilisez de la cardamome ou une pointe de gingembre...

LE + DE LA RECETTE. Encore un petit déjeuner ultra-rapide et complet qui se suffit à lui seul. Par rapport au cocktail précédent, vous bénéficiez des fibres des fruits frais ainsi que de la douceur des épices qui remplacent avantageusement le sucre. Revers de la médaille, si l'on peut dire : il faut attendre que la préparation refroidisse quelques secondes, et mâcher un peu. Rien d'insurmontable !

Fruits et légumes : reçu 5 sur 5

Lorsqu'on attaque la journée alimentaire avec des fruits, on atteint facilement l'objectif des 5 fruits et légumes par jour recommandé par le PNNS (Programme national nutrition santé). Mais 5 fruits et légumes, ça veut dire quoi au juste ? On peut traduire par 5 portions. Exemple :

1 verre de jus d'orange ou de pomme = 1 portion
+ 1 banane = 1 portion
+ ¼ de tasse de fruits secs = 1 portion
+ ½ assiette de légumes cuits = 1 portion
+ 1 assiette de salade = 1 portion
= 5

Voilà, on y est : remarquez qu'il est facile d'avoir avalé tout ça entre le lever et la fin du dîner. On peut donc faire encore mieux, il suffit de rajouter une crudité et des légumes le soir. Attention : les fruits ne remplacent pas les légumes, ces derniers étant nettement moins caloriques et sucrés. Si vous voulez augmenter vos apports en végétaux, forcez surtout sur les légumes !

QUINOA EN MUESLI TIÈDE

Sous la forme de flocons, le quinoa garde son petit goût particulier et se prépare en 5 minutes. Idéal pour un petit déjeuner équilibré et vite fait.

ANTICHOLESTÉROL
POUR 4 PERSONNES
PRÉPARATION : 5 MINUTES
INFUSION : 5 MINUTES
REPOS : 5 MINUTES

INGRÉDIENTS : 200 g de flocons de quinoa ; 2 fruits de saison au choix ; 1 c. à s. d'amandes entières ; 2 c. à s. de raisins secs sultanines ; 1 c. à s. de cannelle moulue ; 2 doses de thé vert ; 1 c. à s. de miel.

- Portez 40 cl d'eau à frémissements. Hors du feu, plongez-y le thé et la cannelle, puis laissez infuser 5 minutes.
- Enfermez les amandes dans un petit sac hermétique, puis concassez-les à l'aide d'un rouleau à pâtisserie ou d'une bouteille solide.
- Épluchez les fruits, épépinez-les si besoin, puis coupez-les tous en morceaux.
- Réunissez les flocons, les fruits, les raisins et les amandes, arrosez du thé chaud, ajoutez le miel, mélangez, puis laissez gonfler 5 minutes à couvert.

L'ASTUCE MAGIQUE. Ce muesli peut se préparer avec toutes sortes de flocons de céréales, mélangés ou non. Vous trouverez facilement des mélanges quinoa/avoine au rayon bio du supermarché.

LE + DE LA RECETTE. Non, il n'y a pas que les flocons d'avoine ! Précuits à la vapeur, les flocons de quinoa sont hyper-digestes et encore plus rapides à préparer que la graine, tout en lui conservant toute sa richesse nutritionnelle. Cette recette vous permet de découvrir en un tournemain ces flocons qui se prêtent aussi très bien à la préparation des potages.

Thé : la super-boisson par excellence

En Asie, on raconte que boire du thé rend immortel. Une légende, certes, mais quand même, cette boisson a quelque chose de plus que les autres.

Le thé protège le cœur en équilibrant la tension artérielle et en abaissant le taux de cholestérol dans le sang. Il aide à perdre du poids, à dégonfler et à conserver la ligne Mais il participe aussi puissamment à la prévention du cancer !

Contrairement à toute autre boisson, hormis l'eau, le thé ne fournit strictement aucune calorie. Alors que même le café en apporte quelques-unes par tasse…

YAOURT AU QUINOA

Tout se prépare la veille : il n'y a plus qu'à mélanger (et déguster) avant de démarrer la journée.

ÉQUILIBRE DE LA FLORE INTESTINALE
POUR 4 PERSONNES
PRÉPARATION : 9 MINUTES LA VEILLE + 1 MINUTE LE MATIN

INGRÉDIENTS : 100 g de flocons de quinoa (ou quinoa/avoine) ; 2 pommes ; 1 mangue ; 1 citron vert ; 40 g d'abricots secs moelleux ; 2 yaourts ; 1 dose de thé vert.

- La veille au soir, préparez un grand bol de thé.
- Débitez les abricots secs en tout petits dés. Déposez-les dans un saladier avec les flocons, puis mouillez avec le thé pour juste les recouvrir et laissez tremper toute la nuit.
- Pressez le citron. Épluchez la mangue, puis détaillez-la en cubes, rincez puis râpez les pommes. Réunissez-les dans une boîte hermétique avec le jus de citron et réservez-les au réfrigérateur.
- Au matin, incorporez ces fruits aux flocons. Ajoutez les yaourts, mélangez et servez.

L'ASTUCE MAGIQUE. Goûtez ce petit déjeuner avec des yaourts différents : au lait de brebis pour une consistance plus ferme, au chèvre pour une saveur plus affirmée, au soja pour une version 100 % végétale.

LE + DE LA RECETTE. Une minute de préparation, qui dit mieux ? Imbattable aussi, la teneur en antioxydants de ce yaourt amélioré. On en trouve dans le thé vert, le citron et la pomme, mais la palme d'or est remportée par la mangue, l'un des aliments les plus intéressants d'un point de vue nutritionnel. Elle est si riche qu'un demi-fruit couvre la totalité de nos besoins journaliers en bêta-carotène ! Dans sa grande générosité, elle nous gratifie aussi de vitamines C et E comme s'il en pleuvait…

Yaourts : du carburant pour la flore intestinale

Un yaourt ne se choisit pas à la légère. D'abord, c'est un yaourt, pas une crème-dessert. Ensuite, c'est nature, demi-écrémé et consommé le plus rapidement possible après l'achat. Pourquoi ? Les yaourts renferment des bactéries amies, les fameux probiotiques, qui aident notre flore intestinale à faire son travail. Car cette dernière, en raison du stress, de la prise de médicaments (antibiotiques, anti-inflammatoires…) ou d'une alimentation inadaptée, peut être perturbée et ne plus jouer son rôle. Nous le ressentons alors immédiatement : troubles du transit, fatigue, petits boutons, teint brouillé, allergies ou intolérances… ça va mal !

On ne retrouve pas les probiotiques dans les autres produits laitiers, excepté les laits fermentés. 1 à 2 pots maximum par jour, pas plus ! Préférez ceux au bifidus pour l'option « ventre plat », et ceux à l'acidophilus pour renforcer vos défenses immunitaires. Sans sucre svp ! Si vous y tenez, avec un filet de miel ou de sirop d'érable, aux propriétés cette fois prébiotiques – la nourriture préférée des probiotiques.

Petites entrées

CHAMPIGNONS FARCIS AU PISTOU

Tendres et fondants, bien gratinés et joliment parfumés, ces champignons savent rester légers, comme il se doit pour une entrée.

COUPE-FAIM, PROTECTION CARDIAQUE
POUR 4 PERSONNES
PRÉPARATION : 10 MINUTES
CUISSON : 12 MINUTES + 15 MINUTES
REPOS : 3 MINUTES

INGRÉDIENTS : 4 gros champignons de Paris ; 100 g de graines de quinoa ; 4 gousses d'ail ; 1 bouquet de basilic ; 6 c. à s. d'huile d'olive ; 40 g de parmesan ; sel gris ; poivre noir moulu.

- Nettoyez les champignons et émincez leur pied. Chauffez 1 c. à s. d'huile dans une casserole pour faire revenir ces derniers avec le quinoa pendant 2 minutes, puis mouillez avec 20 cl d'eau, et laissez cuire à l'étouffée (voir p. 44).
- Pendant ce temps, rincez et séchez le basilic, pelez l'ail, puis mixez-les ensemble avec le parmesan, du sel, du poivre et le reste de l'huile.
- Préchauffez le four à 180 °C (th. 6).
- Garnissez les chapeaux des champignons avec le quinoa, rangez-les dans un plat à gratin huilé, couvrez de la sauce pistou et enfournez 15 minutes.
- Servez chaud.

L'ASTUCE MAGIQUE. En version plus rapide, une sauce tomate au basilic toute prête peut remplacer la sauce pistou.

ET EN + C'EST BON ! D'accord pour manger plus de végétaux, mais il faut que ce soit très bon, varié et pourquoi pas original ? Il suffit de demander. Avec cette recette, vous bénéficiez des meilleurs ingrédients (huile d'olive, ail, basilic...) présentés vraiment différemment. Et discrètement, on vous fournit aussi les protéines du quinoa et des champignons. Ah, le saviez-vous qu'ils en cachaient sous leur couvre-chef ? Chapeau les champignons !

L'ail, aliment-médicament

L'ail est si extraordinaire qu'il est à la frontière entre aliment et médicament. Ami fidèle du cœur, il protège ce dernier à condition qu'on lui témoigne la même fidélité : un petit peu d'ail chaque jour, c'est l'assurance d'un cœur fort, d'un sang fluide, d'une tension exemplaire et d'un taux de cholestérol irréprochable. Ce n'est pas tout ! La consommation régulière d'ail divise par deux le risque de développer un cancer, et protège le cerveau. C'est enfin un remarquable boosteur immunitaire qui renferme de véritables antibiotiques naturels en grande quantité. Bref, l'ail est bel et bien un aliment majuscule dans la panoplie santé.

Reste le goût et l'haleine qui peuvent poser problème à certains. Dans cette recette, il cuit et donc s'adoucit, au point que vous ne reconnaîtrez pas son caractère affirmé et que vous le digérerez sans même vous en apercevoir.

Il n'y a que l'ail qui m'aille...

CITRONS FARCIS

Fraîche et sympathique, voici une vraie entrée d'été, qui devient plat complet aux côtés, par exemple, d'une Marmite primeur au quinoa (p. 138).

RÉGIME MÉDITERRANÉEN
POUR 4 PERSONNES
PRÉPARATION : 12 MINUTES
CUISSON : 12 MINUTES
REPOS : 3 MINUTES

INGRÉDIENTS : 2 boîtes de filets de sardines à l'huile d'olive ; 50 g de graines de quinoa ; 4 citrons ; quelques brins de persil ; quelques brins d'aneth ; 2 œufs ; 1 c. à s. de crème de soja ; 1 c. à s. d'huile de colza ; sel gris ; poivre noir moulu.

- Faites cuire le quinoa à l'étouffée (voir p. 44) et les œufs durs.
- Coupez un chapeau aux citrons, évidez-les en récupérant leur jus, détaillez leur pulpe en dés.
- Rincez, séchez et ciselez le persil et l'aneth.
- Émiettez les sardines dans leur huile. Écalez et écrasez les œufs à la fourchette.
- Mélangez le quinoa refroidi, les sardines et leur huile, les dés de citron et leur jus, les œufs et le persil avec l'huile, la crème, du sel et du poivre. Remplissez-en les coques de citrons. Servez frais, parsemé d'aneth.

L'ASTUCE MAGIQUE. La crème de soja remplace la classique crème fraîche, tout en étant diététique. Elle se trouve au rayon bio du supermarché et sa saveur très neutre se glisse partout.

LE + DE LA RECETTE. Avec une association pareille, si vous n'êtes pas en grande forme, c'est à désespérer. Les citrons sont de vraies petites bombes de vitamine C, l'huile d'olive et la crème de soja prennent le plus grand soin de vos artères et les sardines rapportent du grand large une cargaison d'oméga 3. Une entrée saine et bien protéinée pour calmer son estomac qui gronde et prendre soin de sa ligne, tout autant que de sa santé.

Tous les œufs dans le même panier

Contrairement aux idées reçues, un œuf n'en vaut pas un autre, même si vu de l'extérieur, ils se ressemblent tous. Pour une fois, mieux vaut faire mentir la sagesse populaire et mettre tous ses œufs dans le même panier : bio (« code 0 » sur la coquille) ou, au moins, de plein air (« code 1 »). Non au « code 3 » qui trahit des poules élevées en batterie ! C'est le chiffre qui apparaît en tout premier sur la coquille, juste avant le FR pour France par exemple. Donc 01 FR : OK. 03 FR : non !

Question de logique. La composition nutritionnelle de l'œuf dépend étroitement de ce qu'a mangé la poule. Ainsi, les œufs 0 ou 1 apportent-ils des « bons » gras et leur maman a été bien traitée, ce qui n'est pas le cas des œufs 3, qui représentent pourtant 90 % de la production vendue dans l'Hexagone. Quiconque a déjà visité un élevage de poules en batterie n'hésite plus jamais l'ombre d'une seconde à choisir exclusivement des œufs bio ou d'animaux élevés en plein air.

PETITS SOUFFLÉS DE QUINOA AU CHÈVRE

Servez-les dans leurs petits moules de cuisson, seuls ou accompagnés d'une petite salade verte.

ANTIFRINGALES
POUR 4 PERSONNES
PRÉPARATION : 8 MINUTES
CUISSON : 35 MINUTES

INGRÉDIENTS : 80 g de graines de quinoa ; 150 g de tomme de chèvre ; 2 œufs ; 1 c. à s. d'huile d'olive ; 1 petit bouquet de ciboulette.

- Faites cuire le quinoa à l'eau (voir p. 42).
- Pendant ce temps, râpez la tomme. Rincez, séchez et ciselez la ciboulette.
- Préchauffez le four à 180 °C (th. 6). Huilez 4 petits moules individuels.
- Égouttez le quinoa. Battez les œufs en omelette et mélangez-les au quinoa avec le fromage râpé et la ciboulette.
- Répartissez la préparation dans les moules et enfournez 20 minutes, jusqu'à ce que les soufflés soient bien dorés.

L'ASTUCE MAGIQUE. Pour obtenir un aspect encore plus « soufflé », vous pouvez battre les blancs d'œufs en neige avant de les incorporer en toute fin à la préparation. Mais attention, dans ce cas, ce plat n'attend pas et doit être servi dès la sortie du four.

ET EN + C'EST BON ! Du quinoa, des œufs, du chèvre... aucun doute, nous voici en présence d'une petite entrée qui a tout d'une grande. Que de bonnes protéines et de « bons gras » dans ces soufflés-là ! Et surtout ne rejetez pas les œufs sous prétexte que vous avez du cholestérol : ces interdictions, c'est de l'histoire ancienne ! On sait aujourd'hui que la choline des œufs aide, au contraire, à maîtriser ce fameux taux, à condition d'en consommer raisonnablement, soit pas plus de 3 à 5 par semaine. Ici, nous sommes largement dans les quotas !

Très fines, les herbes !

Les fines herbes le sont à plus d'un titre. Ce sont de véritables mines de minéraux, vitamines, fibres et antioxydants. La plupart en renferment beaucoup plus que n'importe quel légume. La ciboulette nous offre un bel exemple de « complément nutritionnel » entièrement naturel ! Son nom, issu du latin *cepula* qui signifie « petit oignon », annonce la couleur, ou plutôt la saveur : sa tige fraîche, piquante comme un oignon et verte, possède une exceptionnelle richesse en carotènes, des substances santé antioxydantes particulièrement protectrices.

Avec le persil, le cerfeuil et l'estragon, la ciboulette fait partie du club très fermé des « fines herbes » de la gastronomie française. En raison de sa finesse, il est tout simplement impensable de la consommer déshydratée. Si vous ne trouvez pas d'herbes fraîches, rabattez-vous sur les petites boîtes surgelées. On ne tolérera pas autre chose !

TABOULÉ DE QUINOA AUX POIS CHICHES

Idéal pour une petite entrée bien fraîche. Avec du quinoa déjà cuit, ce plat est prêt en un temps record, et peut s'improviser en 5 minutes !

TOP FIBRES, TRANSIT FACILE
POUR 4 PERSONNES
PRÉPARATION : 5 MINUTES
CUISSON : 12 MINUTES
REPOS : 3 MINUTES
RÉFRIGÉRATION : 2 HEURES

INGRÉDIENTS : 60 g de graines de quinoa ; 1 bocal de pois chiches à l'orientale ; 2 tomates ; 1 petit bouquet de persil plat ; 1 c. à s. de jus de citron.

- Faites cuire le quinoa à l'étouffée (voir p. 44).
- Pendant ce temps, lavez les tomates et coupez-les en tout petits dés. Rincez le persil, séchez puis hachez-le.
- Mélangez-les au quinoa refroidi, ajoutez les pois chiches avec leur sauce.
- Arrosez le taboulé du jus de citron.
- Vous pouvez le déguster immédiatement ou le laisser mariner au réfrigérateur 2 à 3 heures.

L'ASTUCE MAGIQUE. Les pois chiches à l'orientale donnent tout le goût de ce taboulé, sans passer 3 heures aux fourneaux. Cuisinés dans l'huile d'olive et parfumés de cumin, ils se trouvent en grande surface et en magasin bio.

ET EN + C'EST BON ! Ce taboulé réussit la prouesse d'être à la fois frais et léger, mais aussi de « tenir au corps », dans le bon sens du terme. Très riche en fibres, il stimule en douceur le transit intestinal et garantit un apport d'énergie douce et régulière grâce à ses sucres si lents… Quant au persil plat et à la tomate, ce sont deux végétaux parmi les plus concentrés en vitamines.

Chiche ?

Mieux vaut avoir un pois chiche dans l'assiette que dans la tête : de tous les pois (chiches, secs ou cassés), ce sont les mieux pourvus en protéines. Avec le quinoa, ils font donc la paire ! Autre très bonne nouvelle : les pois font partie des aliments dont l'index glycémique est le plus bas, autrement dit, leurs sucres naturels sont très, très, très lents…

Un précieux atout pour calmer l'appétit pendant des heures et bannir à tout jamais de son vocabulaire le mot « fringale ». Cette entrée est donc particulièrement conseillée aux candidats à la minceur qui détestent l'idée même de ressentir la faim.

Petit revers de la médaille très facile à contourner cependant : les pois chiches sont exceptionnellement riches en fibres, donc difficiles à digérer. Ce qui devrait être un avantage se transforme en léger inconvénient pour les personnes au système digestif un peu délicat. Pour éviter tout risque de lourdeur ou de flatulences, deux conseils : n'en abusez pas, et surtout mâchez, mâchez et mâchez encore, jusqu'à ne plus sentir du tout l'enveloppe fibreuse dans votre bouche. Ça y est ? Vous pouvez avaler et prendre une autre bouchée.

FENOUIL EN QUINOA ANISÉ

Mi-croquante, mi-fondante, bien parfumée et légèrement sucrée, une salade complètement craquante !

DIGESTION SUPER-FACILE
POUR 4 PERSONNES
PRÉPARATION : 10 MINUTES
CUISSON : 12 MINUTES
REPOS : 3 MINUTES

INGRÉDIENTS : 100 g de graines de quinoa ; 1 bulbe de fenouil ; quelques brins de coriandre ; 2 oranges (non traitées ou bio) ; 2 c. à s. de jus de citron ; 2 c. à s. d'huile de colza ; 1 c. à s. d'huile d'olive ; sel gris ; poivre noir moulu.

- Faites cuire le quinoa à l'étouffée (voir p. 44), puis laissez-le complètement refroidir.
- Pendant ce temps, pressez 1 orange, prélevez son zeste et râpez-le, détaillez les quartiers de l'autre en dés. Émincez le fenouil en bâtonnets très fins. Rincez, séchez et ciselez la coriandre.
- Émulsionnez le jus de citron et celui d'orange avec les huiles, du sel et du poivre.
- Réunissez le quinoa, le fenouil, les dés d'oranges et le zeste avec la coriandre. Arrosez de la sauce au moment de servir.

L'ASTUCE MAGIQUE. Laissez votre quinoa bien refroidir avant de le mélanger aux autres ingrédients. Encore chaudes ou même tièdes, les graines s'écrasent et s'amollissent au contact de la sauce.

ET EN + C'EST BON ! Le fenouil est un légume particulièrement galant. Ses phyto-œstrogènes, des substances qui imitent certaines hormones féminines, favorisent la survenue des règles, aident à la lactation et atténuent les troubles de la ménopause. Riche en vitamines B9 et C ainsi qu'en fer, il est particulièrement recommandé aux femmes sujettes à l'anémie, ainsi qu'aux futures mamans.

Le fenouil n'est cependant pas interdit aux hommes puisqu'il favorise le transit intestinal et la digestion en général.

Un zeste de fraîcheur

Si on précise « orange bio » ou « non traitée » (pendant et après récolte s'entend), il y a une raison. En effet, les pesticides et autres traitements dits protecteurs administrés aux fruits restent malheureusement dans la peau. Si consommer le jus ou le fruit frais est possible, prélever son zeste pose évidemment problème.

Ce conseil est valable pour de très nombreux fruits, dès lors que l'on consomme la peau, ce qui est généralement recommandé puisque cette dernière renferme beaucoup de vitamines, fibres, antioxydants et autres molécules protectrices. Préférez-les issus de votre jardin ou de culture bio ! Et ne pensez pas vous en sortir en rinçant simplement le fruit sous l'eau.

Dans la même optique, lorsque vous commandez une « eau minérale gazeuse avec une rondelle de citron », il y a de fortes chances pour que ce dernier ne soit pas bio. À vous de voir si une infusion au diphényle vous intéresse tant que cela…

Bonnes soupes

CRÈME D'AIL AU QUINOA

L'ail perd beaucoup de sa force
et de son piquant pendant la cuisson,
se faisant finalement aussi doux qu'une crème.

PROTECTION CARDIAQUE
POUR 4 PERSONNES
PRÉPARATION : 10 MINUTES
CUISSON : 25 MINUTES

INGRÉDIENTS : 3 têtes d'ail ; 2 œufs ; quelques branches de persil ; 120 g de graines de quinoa ; 50 cl de lait ; 4 c. à s. d'huile d'olive ; 1 c. à c. de muscade moulue ; sel gris ; poivre noir moulu.

- Pelez et écrasez l'ail. Chauffez l'huile dans une casserole pour le laisser fondre pendant 5 minutes.
- Ajoutez 1 litre d'eau, le lait, du sel, du poivre et la muscade, portez à ébullition.
- Versez alors le quinoa en pluie et mélangez bien, puis laissez mijoter 20 minutes en remuant souvent.
- Pendant ce temps, rincez et séchez le persil, puis ciselez-le.
- Juste avant de servir, battez les œufs en omelette et incorporez-les en filet dans la soupe en fouettant énergiquement.
- Servez parsemé de persil ciselé.

L'ASTUCE SANTÉ : Le lait d'amande, doux et très digeste, remplace avantageusement le lait classique dans cette crème d'une grande finesse. Au rayon bio du supermarché.

ET EN + C'EST BON ! « Une cuillère pour… une cuillère pour… » Inutile de faire appel à des subterfuges pour faire avaler cette soupe, toute douceur et cocon. À chaque bouchée, elle vous réchauffe cœur et corps. Les œufs, le quinoa et le lait se liguent pour vous fournir un quota confortable de protéines, la touche de muscade vous transporte vers des contrées lointaines… tout en stimulant légèrement l'appétit. Et cette chère épice aide aussi à digérer tout en s'opposant aux ballonnements, ce qui met tout le monde d'accord.

CV santé de la muscade

La muscade est une sacrée épice. Elle stimule l'appétit, facilite la digestion – surtout en cas de repas lourd ou d'abus de féculents comme une assiette pantagruélique de quinoa – et empêche l'aérophagie. Elle supprime le mal de mer, élimine les gaz stomacaux et aide à calmer les diarrhées. Antidépressive, puissant stimulant général, elle favorise le sommeil et agit de diverses façons sur le cerveau. Mais consommez-la avec parcimonie car, en excès, elle devient carrément narcotique ou hallucinogène. Enfin, elle apaise les douleurs rhumatismales et participe à la régulation du cycle menstruel.

POTAGE QUINOA AUX CAROTTES ET FANES

La saveur légèrement grillée du quinoa et du sésame, la douceur des carottes et la subtile amertume de leurs fanes : un mariage tout en délicatesse.

SUPER-ANTIOXYDANT
POUR 4 PERSONNES
PRÉPARATION : 10 MINUTES
CUISSON : 30 MINUTES

INGRÉDIENTS : 200 g de graines de quinoa ; 1 botte de carottes avec leurs fanes ; 1 oignon ; 3 gousses d'ail ; 2 branches de thym ; 1 c. à s. de sésame blond ; 1 c. à s. de curry doux ; 3 c. à s. d'huile d'olive ; sel gris ; poivre noir moulu.

- Chauffez une poêle sèche pour y saisir le quinoa avec le sésame 5 minutes environ. Rincez et séchez le thym.
- Pelez et émincez l'ail et l'oignon, grattez les carottes et coupez-les en rondelles, lavez leurs fanes et hachez-les. Chauffez l'huile dans une cocotte pour les faire revenir ensemble pendant 5 minutes.
- Portez 1 litre d'eau à ébullition.
- Ajoutez le quinoa au sésame avec le thym et le curry, salez, poivrez, mélangez bien, puis mouillez avec l'eau, couvrez et laissez mijoter 20 minutes.
- Mixez et servez chaud.

L'ASTUCE MAGIQUE. Hors saison, à défaut des fanes de carottes, préférez 60 g de salade romaine émincée.

Du quinoa au sésame, dans un mélange tout prêt, convient bien sûr parfaitement.

POURQUOI CETTE RECETTE ? Notre objectif du jour : vous prouver, si besoin en était, que la soupe n'a rien de désuet et que, au contraire, elle est formidablement adaptée à notre mode de vie actuel. Dans celle-ci, en un clin d'œil, vous dégustez un repas complet avec ses protéines et ses glucides (quinoa), ses bons acides gras (huile d'olive) et sa flopée de vitamines. Le sésame et le curry sont là pour nous rappeler qu'on ne mange pas seulement une soupe, mais des saveurs, des odeurs en pagaille… et des antioxydants !

Les lapins sont malins !

Bugs Bunny en sait quelque chose, lui qui grignote sans cesse une carotte. C'est certainement en partie grâce à son régime alimentaire qu'il garde une ligne de sylphide et la vue perçante. En effet, les fibres douces et très digestes de la carotte sont de remarquables coupe-faim (ce sont des pectines, comme dans la pomme) et stimulent en douceur le transit intestinal tout en aidant à réguler le cholestérol. Quant à son bêta-carotène, l'un des antioxydants les plus puissants, fièrement signalé par la couleur orange, il est bon pour la vue et la peau… même s'il n'est pas prouvé qu'il rende les cuisses roses !

Il paraît également qu'elles rendent aimable. Il faut voir… On ne risque en tout cas rien à essayer, d'autant que, dans cette recette, les carottes sont cuites. Rien de grave, au contraire : la chaleur et un petit peu d'huile d'olive permettent de profiter pleinement de toutes ses propriétés.

SOUPE CRUDITÉS AU QUINOA

Les légumes tout juste attendris, le quinoa à point, pour une soupe d'hiver originale et savoureuse.

TOP ACIDO-BASIQUE
POUR 4 PERSONNES
PRÉPARATION : 10 MINUTES
CUISSON : 15 MINUTES
REPOS : 3 MINUTES

INGRÉDIENTS : 150 g de graines de quinoa ; 1 beau morceau de céleri-rave ; 2 carottes ; 1 oignon ; 1 petit bouquet de cerfeuil ; 2 bouillons cubes aux légumes ; sel gris ; poivre noir moulu.

- Plongez le quinoa dans 1,5 litre d'eau froide avec les bouillons cubes et portez à ébullition. Couvrez, baissez le feu et laissez mijoter tranquillement pendant 10 minutes.
- Pendant ce temps, grattez les carottes, épluchez le céleri et pelez l'oignon, puis râpez-les tous. Ajoutez-les alors dans la soupe, salez, poivrez et comptez 5 minutes à frémissements.
- Rincez, séchez et ciselez le cerfeuil.
- Laissez reposer la soupe 3 minutes à couvert avant de la servir, parsemée du cerfeuil.

L'ASTUCE MAGIQUE. Selon la saison ou les promotions du marché, vous pouvez ajouter des navets, quelques feuilles de chou, une pomme de terre… Et en été, un morceau de concombre ou une courgette… bref, tout ce qui se râpe !

POURQUOI CETTE RECETTE ? C'est une rébellion contre la soupe qui mijote des heures ! Parce que la cuisson a du bon (par exemple elle facilite l'assimilation des protéines par le corps)… mais aussi du moins bon (elle détruit la vitamine C des légumes). Dans cette soupe, les crudités montent en température, mais quelques minutes à peine. Bilan : peu de dégâts vitaminiques à déplorer.

Sel au céleri

Disons-le d'emblée : le céleri est interdit à toute personne au régime « sans sel ». En effet, le céleri-rave est exceptionnellement pourvu en sodium. Il en renferme parfois jusqu'à 100 mg pour 100 g (alors que le plus salé des autres légumes ne dépasse pas les 10 mg !).

Pour cette raison, il est même déconseillé à tous d'en avaler trop souvent, même si Grimod de la Reynière le tenait pour aphrodisiaque dans ses *Écrits gastronomiques*. En revanche, dans une soupe, c'est une autre histoire. Le sodium est compensé par la forte teneur en potassium des autres légumes, ce qui équilibre le tout. N'empêche, allez-y doucement sur le sel complémentaire. Et plus vous ajouterez de légumes râpés, comme suggéré dans cette recette, plus vous renforcerez la teneur en potassium et mieux cela vaudra.

Tant que nous y sommes, évoquons rapidement le cas du céleri rémoulade : hyper-gras et hyper-salé, il mérite à peine son étiquette de « crudité ». À consommer avec la modération la plus stricte !

VELOUTÉ VERT

Quelques feuilles de caractère pour un potage léger et bien parfumé. Au printemps, les fanes des radis méritent mieux qu'un aller simple systématique vers la poubelle !

DÉTOX PARTY
POUR 4 PERSONNES
PRÉPARATION : 10 MINUTES
CUISSON : 15 MINUTES

INGRÉDIENTS : 2 bottes de radis ; 60 g de feuilles d'épinards ; 60 g de mâche ; 100 g de graines de quinoa ; 2 c. à s. d'huile d'olive ; sel gris ; poivre noir moulu.

- Séparez les radis de leurs fanes. Lavez et essorez ces dernières, ainsi que les épinards et la mâche.
- Chauffez l'huile dans une cocotte. Jetez-y les fanes pour les faire revenir pendant 5 minutes avec le quinoa, en remuant fréquemment.
- Ajoutez mâche et épinards. Mouillez avec 1,5 litre d'eau et portez à ébullition. Couvrez, puis laissez mijoter pendant 10 minutes.
- Mixez, salez, poivrez et servez sans attendre.

L'ASTUCE MAGIQUE. Proposez de croquer les radis frais en même temps que la soupe chaude, avec quelques toasts de pain complet grillé.

POURQUOI CETTE RECETTE ? Parce que dans le « vert » de la mâche et des épinards se dissimulent de géniaux antioxydants, nommés carotènes, très bons pour la santé en général, et le cœur en particulier. Or, ces fameux carotènes ne sont disponibles pour le corps qu'une fois chauffés et accompagnés d'un peu de gras. Et on ne vous parle pas de leur vitamine B9, si importante pour la protection cardiaque ! Nous avons imaginé cette recette pour vous faire profiter de tout ça, sans penser à autre chose que de savourer chaque cuillerée.

Soupe super-magique

Cette soupe mérite incontestablement le qualificatif de « détox ». Autrement dit, elle est anti-rétention d'eau et lutte donc au passage contre la cellulite. Un peu comme la célèbre « soupe magique », mais en nettement mieux ! En effet, dans la nôtre, super-magique, on trouve non seulement des fibres et des composés « détox », mais aussi des oméga 3 (dans la mâche) et surtout des protéines (quinoa), deux éléments absolument indispensables, même et surtout si l'on cherche à perdre du poids.

La cerise sur le gâteau, ou plutôt le radis sur la soupe, c'est qu'en croquant dans ces inimitables petites boules bicolores roses et blanches, on fait le plein en vitamine C. Et la vitamine C est une botte secrète pour quiconque veut mincir. Remarquable coupe-faim, elle accroît la combustion des calories par le corps : plus on mange de vitamine C, plus on brûle de calories. Génial, non ?

SOUPE DE QUINOA AUX LÉGUMES SECS

Raffinez ! Parsemez la soupe de cubes de tomates juste avant de la servir.

SUPER-TRANSIT (ANTICONSTIPATION)
POUR 4 PERSONNES
PRÉPARATION : 10 MINUTES
TREMPAGE : 12 HEURES
CUISSON : 2 H 05

INGRÉDIENTS : 50 g de haricots cocos ; 50 g de pois cassés ; 50 g de haricots rouges ; 100 g de graines de quinoa ; 1 branche de romarin ; sel gris ; poivre noir moulu.

- La veille (ou le matin pour le soir), plongez les haricots (cocos et rouges) dans de l'eau froide, pour les laisser tremper pendant 12 heures.
- Rincez et séchez le romarin.
- Égouttez les haricots. Couvrez-les d'eau fraîche à hauteur dans une casserole, ajoutez le romarin, portez à ébullition, puis couvrez et laissez mijoter pendant 1 h 30.
- Incorporez les pois cassés et comptez encore 20 minutes à frémissements.
- Complétez alors avec le quinoa, salez, poivrez, puis poursuivez la cuisson encore 15 minutes.
- Servez bien chaud.

L'ASTUCE MAGIQUE. C'est vrai, cette soupe est un peu longue à cuire. Mais elle se congèle très bien : préparez-la en plus grande quantité et gardez-en une réserve toute prête pour la prochaine fois.

POURQUOI CETTE RECETTE ? Voici une soupe particulièrement bienvenue à la saison froide, lorsque microbes et frimas multiplient les offensives musclées pour nous assiéger. Entre les haricots, les pois et le quinoa, aucun doute : vous êtes tombé sur une mine de protéines et de sucres lents. Un vrai bon plan minceur, qui vous permettra de découvrir à quel point les légumes secs et les céréales sont les meilleurs amis de la silhouette. N'oubliez pas le romarin, malheureux ! Non seulement il facilite la digestion, mais, en outre, il aide à lutter contre les virus du rhume et de la grippe.

La soupe antifaim

Si vous croyez encore que les légumes secs font grossir, cette soupe vous effraye sans doute. La légende a la vie dure… En réalité, les légumes secs figurent parmi les aliments les plus utiles lorsqu'on veut prendre soin de sa silhouette et de sa santé.

Ils sont pourvus d'un taux record de fibres, d'antioxydants et de minéraux, tout spécialement les haricots rouges, véritables friandises pour le cœur et le système digestif. Ce sont aussi des champions de l'apport en protéines, qui viennent renforcer celles du quinoa. Et tout cela pour un total calorique plancher. Difficile de faire mieux et, pourtant, c'est possible ! Préparés comme ici, en soupe appétissante et avec des morceaux, ce sont les meilleurs coupe-faim. En effet, un potage mouliné cale plus ou moins, mais une soupe « avec morceaux » est un fabuleux moyen de couper immédiatement l'appétit, et pour longtemps.

Raison de plus pour en préparer beaucoup : en consommer régulièrement vous permettra de garder un œil sur votre ligne, sans même y penser.

Salades froides

MESCLUN AU QUINOA GERMÉ

Mesclun de caractère et quinoa germé à la saveur très douce pour une salade verte bienvenue à tous les repas.

DOPAGE (SUR)NATUREL & SUPER-ANTIOXYDANT
POUR 4 PERSONNES
PRÉPARATION : 5 MINUTES
GERMINATION : 1 À 2 JOURS

INGRÉDIENTS : 200 g de mesclun (roquette, pourpier, mâche, cresson, jeunes pousses d'épinards…) ; 100 g de graines de quinoa germées ; 40 g d'amandes entières ; 2 c. à s. d'huile d'olive ; 1 c. à s. d'huile de colza ; 1 c. à s. de vinaigre balsamique ; sel gris ; poivre noir moulu.

- Émulsionnez le vinaigre et les huiles avec le sel et le poivre.
- Enfermez les amandes dans un petit sac hermétique, puis concassez-les à l'aide d'un rouleau à pâtisserie ou d'une bouteille solide.
- Lavez et essorez le mesclun. Mélangez-le au quinoa germé et aux amandes.
- Arrosez de vinaigrette au moment de servir.

L'ASTUCE MAGIQUE. Les graines de quinoa germent très facilement. Déposez-les dans une assiette creuse, couvrez-les d'eau et laissez tremper toute une nuit. Au matin, rincez-les à l'eau claire et maintenez-les juste humides dans l'assiette. Renouvelez l'opération 2 fois par jour pendant 1 ou 2 jours, jusqu'à ce que les germes atteignent environ ½ cm. C'est prêt !

POURQUOI CETTE RECETTE ? Parce que vous faisiez sûrement déjà germer des lentilles dans du coton lorsque vous étiez petit. Aujourd'hui, vous avez grandi, il est temps de renouer avec votre âme d'aventurier botanique et de profiter enfin des extraordinaires propriétés nutritionnelles des graines germées. Ces aliments sont si tendance qu'on en trouve parfois au rayon frais de certains supermarchés et, en tout cas, en boutique diététique. Ici, c'est une initiation en douceur, vous allez adorer. D'ailleurs, vous mangez déjà des graines germées lorsque vous croquez dans une salade de soja ! Alors pourquoi pas du quinoa ?

Super-graine

Chaque graine contient en elle tout le matériel pour devenir une plante. On peut faire germer (plus ou moins facilement) n'importe laquelle : alfalfa, avoine, blé, citrouille, lentille, millet, radis, sarrasin, soja, tournesol… ou quinoa. La germination convient particulièrement bien à ce dernier, l'une des graines les plus faciles et les plus intéressantes à faire germer.

Ce petit miracle vivant vient simplement de l'eau. Lorsque la graine en est imbibée, elle sécrète des enzymes de croissance et multiplie son volume au moins par deux : sa teneur en nutriments augmente en même temps. Le résultat nutritionnel est époustouflant :

- Accroissement (parfois exponentiel) des apports en minéraux, oligo-éléments, enzymes et protéines… 500 % de vitamines en plus et jusqu'à 2 000 % pour les vitamines B !
- Taux record en enzymes, fibres, antioxydants.
- Prédigestion de la graine par ses propres enzymes : digestion facilitée pour nous.

QUINOA DE TOUTES LES COULEURS

*Le quinoa n'existe pas qu'en version blanche !
Rouge, légèrement plus ferme, il se prête
à des préparations très gaies.*

ÉQUILIBRE NERVEUX & PROTECTION CARDIAQUE
POUR 4 PERSONNES
PRÉPARATION : 20 MINUTES
CUISSON : 12 MINUTES
REPOS : 3 MINUTES

INGRÉDIENTS : 200 g de graines de quinoa rouge ; 3 tomates ; 1 avocat ; 2 carottes ; 2 kiwis ; 3 rondelles d'ananas ; 1 pamplemousse rose ; 1 citron ; quelques bouquets de mâche ; 1 petit bouquet de persil plat ; 1 c. à s. d'huile d'olive ; 2 c. à s. d'huile de noix ; sel gris ; poivre noir moulu.

- Faites cuire le quinoa à l'étouffée (voir p. 44).
- Pendant ce temps, lavez et essorez la mâche. Rincez, séchez et ciselez le persil. Pressez le citron. Grattez les carottes, épluchez les kiwis et le pamplemousse, pelez l'avocat (citronnez-le pour éviter qu'il noircisse), rincez les tomates, puis coupez légumes et fruits en dés ainsi que les rondelles d'ananas.
- Émulsionnez une vinaigrette avec les huiles, le reste du jus de citron, du sel et du poivre.
- Réunissez le quinoa refroidi et sa garniture dans un saladier. Arrosez de sauce, ajoutez le persil et mélangez bien. Servez frais.

L'ASTUCE MAGIQUE. Pour un plat encore plus complet, ajoutez quelques cerneaux de noix ou 60 g de pois chiches.

LE + DE LA RECETTE ? C'est une salade ou un bouquet final de feu d'artifice ? On me confirme qu'il s'agit bien d'une salade : bonne nouvelle, on peut la manger. Or, un moyen très simple de savoir si votre alimentation est variée, donc probablement équilibrée, c'est un... coup d'œil. Plus on dénombre de différentes couleurs dans un plat, plus on sait que les apports nutritionnels sont divers et mieux ça vaut. Avec cette salade, vous êtes servi ! Les pigments des aliments ne sont pas là que pour faire joli : ils jouent des rôles santé bien précis. Plus fort encore : huiles de colza et de noix, avocat, tous les « bons gras », sont représentés en petite quantité pour garder la forme sans prendre de formes.

Noir, blanc, rouge

Non, ce ne sont pas les couleurs d'un drapeau quelconque, mais celles qu'arbore le quinoa. Il existe en effet différentes variétés. Le Blanca de Junin porte bien son nom, mais dans la catégorie « blanc », on trouve aussi le Janko, le Piartel Dulce, le Real et le Sajama. Vitulla et Wila sont rouges, bien rouges. Les cultivateurs choisissent leur quinoa en fonction de la qualité de leurs terres, c'est pourquoi, d'une graine à l'autre, on ne retrouve pas tout à fait le même goût ni le même taux de protéines ou d'amertume.

Le quinoa blanc est de très loin le plus courant, mais ça n'empêche pas de vous faire goûter le rouge. Ce dernier est encore mieux pourvu en protéines mais renferme un peu moins de fibres. Le noir est encore plus rare et, honnêtement, peu adapté à nos palais.

SALADE GRECQUE AU QUINOA

Parfaite servie seule, cette salade accompagne à merveille un poisson grillé ou des crevettes pimentées.

SUPER-ANTIOXYDANT MÉDITERRANÉEN
POUR 4 PERSONNES
PRÉPARATION : 12 MINUTES
CUISSON : 12 MINUTES
REPOS : 3 MINUTES

INGRÉDIENTS : 100 g de graines de quinoa ; 100 g de feta ; 100 g de tomates cerises ; 100 g de concombre ; 1 petite laitue ; 1 oignon rouge ; 2 gousses d'ail ; quelques brins de coriandre ; 60 g d'olives noires ; 1 bouillon cube de poule ; 2 c. à s. de jus de citron ; 3 c. à s. d'huile d'olive ; sel gris ; poivre noir moulu.

- Faites cuire le quinoa à l'étouffée (voir p. 44) avec le bouillon cube, puis laissez-le refroidir.
- Émulsionnez le jus de citron avec l'huile, du sel et du poivre. Coupez les tomates en deux, le concombre en cubes, la feta en dés, l'oignon et l'ail en lamelles, ciselez la coriandre. Réunissez tous ces ingrédients et arrosez-les de la moitié de la vinaigrette.
- Émincez la laitue en lanières, répartissez-la dans 4 assiettes, couvrez-la du quinoa, arrosez du reste de la vinaigrette, puis déposez les légumes par-dessus.
- Parsemez des olives et servez.

L'ASTUCE MAGIQUE. Utilisez cette préparation (bien mélangée) pour garnir de grosses tomates à farcir. À servir sur un buffet d'été ou en accompagnement d'un poisson froid.

ET EN + C'EST BON ! Il existe bien des salades de pâtes ou de riz, pourquoi pas des salades de quinoa ? Celle-ci craque sous la fourchette, croque sous la dent, explose de fraîcheur et de saveurs en bouche, vous promène de la cordillère des Andes à la Grèce, c'est bon pour le moral. Et puis les voyages forment la jeunesse... surtout ceux qui apportent des vitamines et des antioxydants, comme cette salade qui en est pleine !

Une bonne tranche de tranche !

On raconte qu'Hippocrate vantait déjà les vertus nutritionnelles de la feta, fromage traditionnel grec au lait de brebis. On raconte aussi que sa fabrication se déroule toujours à l'ancestrale, c'est-à-dire en laissant cailler le lait dans des sacs en cuir. On peut aussi le trouver au lait de chèvre. Personne ne vous demande de savoir danser le sirtaki pour savourer ce fromage un peu aigre, à la saveur bien particulière. Mais il faut accepter son côté un peu robuste pour le déguster pleinement.

Si votre feta vous semble trop salée (ce qui est tout à fait possible), laissez-la tremper dans de l'eau. Et si vous êtes au régime sans sel, ou avez tendance à faire de la rétention d'eau, passez votre chemin ! La feta n'est pas pour vous.

Ah, un détail ! « Feta » veut dire « tranche ». Donc, si vous l'achetez à la coupe, demandez 100 g et non une tranche... de tranche !

SALADE MEXICAINE

*Pour jouer à fond le dépaysement,
dans des saveurs bien adaptées à nos goûts occidentaux.*

BRÛLE-GRAISSES & COUPE-FAIM
POUR 4 PERSONNES
PRÉPARATION : 15 MINUTES
CUISSON : 12 MINUTES
REPOS : 3 MINUTES

INGRÉDIENTS : 200 g de graines de quinoa ; 120 g de haricots rouges cuits ; 3 tomates ; 2 avocats ; 1 poivron rouge ; 1 oignon ; 2 c. à s. de jus de citron ; 2 c. à s. d'huile de colza ; 1 c. à s. d'huile d'olive ; 1 c. à s. de piment ; 1 c. à s. d'origan ; sel gris ; poivre noir moulu.

- Faites cuire le quinoa à l'étouffée (voir. p. 44).
- Incisez la peau des tomates et ébouillantez-les 1 minute pour ôter leur peau facilement, pelez l'oignon, puis le poivron au couteau économe, épluchez les avocats et arrosez-les de 1 c. à s. de jus de citron, puis détaillez-les tous en cubes.
- Émulsionnez le reste du jus de citron avec les huiles et les épices, du sel et du poivre.
- Réunissez le quinoa refroidi, les haricots égouttés, les légumes et les avocats dans un saladier. Arrosez de sauce et servez frais.

L'ASTUCE MAGIQUE. Des tortillas de maïs chili ont toute leur place aux côtés de cette salade.

Parsemée de noix de cajou concassées, cette Mexicaine devient encore plus complète et équilibrée.

LE + DE LA RECETTE. Quinoa et haricots rouges, vous connaissez désormais la chanson : c'est protéines + glucides et, en langage courant, cela veut dire « minceur », « santé » et « rassasiement ». Mais cette recette va plus loin en vous offrant sur un plateau (ou une assiette creuse si vous préférez) des bons gras parfaitement équilibrés. Or, il est très important d'alterner les sources de graisses, afin d'obtenir son quota d'oméga 3, 6 et 9. Inutile de rentrer dans les détails, retenez juste que deux huiles différentes valent mieux qu'une... à condition d'en mettre seulement un petit peu de chaque, cela va sans dire.

Jaune citron

Un filet de jus de citron sur les salades, les petits plats du jour et même les desserts sages à base de fruits, c'est un très bon réflexe à adopter. Premièrement parce que vous augmentez ainsi, l'air de rien, vos apports en vitamine C, puisque le citron en regorge. Deuxièmement parce qu'il ralentit les sucres de l'ensemble du repas. Autrement dit, grâce à lui, vous aurez moins faim et plus tard dans l'après-midi ou après le dîner. Bonne nouvelle pour tous ceux qui cherchent à éviter les fringales, mais aussi pour toutes les personnes diabétiques ou prédiabétiques.

Cette haute performance est en plus placée sous le signe de la légèreté, puisque vous profiterez de tous ces bénéfices pour zéro calorie ou presque !

En résumé : avec quelques gouttes de citron, on améliore son statut nutritionnel tout en gardant la ligne. Des bons plans comme ça, vous n'en trouverez pas beaucoup d'autres !

VRAI TABOULÉ DE QUINOA

Ou comment le quinoa permet de revisiter bien agréablement les classiques de la cuisine…

VENTRE PLAT, ZÉRO BALLONNEMENT
POUR 4 PERSONNES
PRÉPARATION : 12 MINUTES
CUISSON : 12 MINUTES
REPOS : 3 MINUTES
RÉFRIGÉRATION : 30 MINUTES

INGRÉDIENTS : 100 g de graines de quinoa ; 2 bouquets de persil plat ; 1 bouquet de menthe fraîche ; 4 tomates ; 4 jeunes oignons ; 1 citron ; 3 c. à s. d'huile d'olive ; sel gris ; poivre noir moulu.

- Faites cuire le quinoa à l'étouffée (voir p. 44), puis laissez-le refroidir.
- Lavez, séchez et hachez les herbes (gardez quelques feuilles de menthe pour la décoration).
- Incisez la peau des tomates, ébouillantez-les 1 minute pour pouvoir les peler facilement, puis coupez-les en petits dés. Épluchez et émincez les oignons. Pressez le citron.
- Réunissez le quinoa froid, les herbes et les légumes. Salez, poivrez, arrosez du jus de citron et de l'huile, mélangez, couvrez d'un film alimentaire et réservez 30 minutes au réfrigérateur.
- Servez décoré de feuilles de menthe.

L'ASTUCE MAGIQUE. Ce taboulé peut s'agrémenter d'un peu de concombre ou de poivron rouge, coupés en petits dés, de raisins secs ou de feuilles de salade émincées en lanières fines…

LE + DE LA RECETTE. Ce n'est plus un taboulé, c'est un concentré de vitamines et d'antioxydants ! Comme dans tout taboulé traditionnel qui se respecte, le persil se taille la part du lion. Et là, pardon pour l'expression, mais vraiment, le persil plat, c'est extra ! Il renferme davantage de nutriments que son cousin frisé, plus décoratif. Mais... quels nutriments par exemple ? Eh bien, un taux plafond de fibres, de vitamine C, de fer (bien assimilé, en plus, ce qui n'est pas toujours le cas du fer d'origine végétale), de calcium, de potassium (le persil est très diurétique), de carotènes (ultra-antioxydants), de vitamine B9 (LA vitamine des femmes et du cœur).

Honneur aux dames

Certains végétaux prennent tout particulièrement soin de la santé des femmes.

Le persil, par exemple, aide à régulariser les règles et combat l'anémie. Ce n'est pas parce que c'est l'herbe la plus classique de la cuisine française, notamment composant de base du bouquet garni, qu'il doit être méprisé. En le consommant régulièrement, on respecte les principes de l'alimentation méditerranéenne, modèle nutritionnel incontesté pour la santé.

Les oignons protègent de l'ostéoporose et favorisent la circulation du sang.

Même la menthe ajoute son grain de sel, en limitant justement le recours à ce dernier. Comme elle parfume et rafraîchit les salades, on sale moins et on limite ainsi les risques de rétention d'eau. Elle s'associe fort bien au citron pour relever les plats et remplace ainsi avantageusement une partie de l'huile pour « alléger » une vinaigrette très originale.

CREVETTES EN QUINOA AUX AGRUMES

Si vous n'aimez pas les crevettes, remplacez-les par un talon de jambon coupé en cubes ou des lanières de magret de canard séché.

ANTICHOLESTÉROL
POUR 4 PERSONNES
PRÉPARATION : 10 MINUTES
CUISSON : 12 MINUTES
REPOS : 3 MINUTES

INGRÉDIENTS : 300 g de grosses crevettes roses cuites ; 200 g de graines de quinoa ; 1 pamplemousse rose ; 2 clémentines ; 1 avocat ; 2 c. à s. de jus de citron ; 3 c. à s. d'huile de colza ; 1 c. à c. de cumin ; sel gris ; poivre noir moulu.

- Faites cuire le quinoa à l'étouffée (voir p. 44) et laissez-le refroidir.
- Déposez-le dans un saladier. Coupez le pamplemousse en morceaux en ôtant ses peaux blanches, juste au-dessus du saladier pour y récupérer le jus.
- Émulsionnez 1 c. à s. de jus de citron avec l'huile, le cumin, le sel et le poivre.
- Séparez les quartiers des clémentines.
- Décortiquez les crevettes. Débitez la chair de l'avocat en cubes et arrosez-les du reste du jus de citron. Ajoutez-les tous dans le saladier et mélangez.
- Arrosez de la sauce au moment de servir.

L'ASTUCE MAGIQUE. Rappelez-vous : le quinoa ne doit être mélangé aux autres ingrédients que lorsqu'il est complètement froid. Tenez-en compte dans le timing de toute recette de salade.

POURQUOI CETTE RECETTE ? Quelle belle association ! Les crevettes et le quinoa étaient faits pour se rencontrer, ils partagent le même talent pour l'apport protéique et l'objectif minceur. Dans cette salade, les agrumes ajoutent leur petite touche sucrée qui vous permettra de sauter facilement le dessert sans bouder. Même sans se focaliser sur l'aspect « silhouette », cette recette est absolument parfaite sur le plan nutritionnel. Des bons gras (avocat, huile de colza), des bonnes protéines (on vient de le dire), des sucres lents, très très lents (tous les autres ingrédients), des fruits parmi les plus protecteurs (agrumes) encore !

Une toute petite crevette

Sportive dans l'âme, la crevette ne cache quasiment aucune graisse (un tout petit gramme pour 100 g) et pas de glucides. C'est une remarquable source de protéines. Couplé au fait qu'il s'agit d'un des aliments les plus rassasiants, vous obtenez un des meilleurs plans minceur.

Si vous avez des réticences parce qu'on vous a raconté que la crevette renfermait beaucoup de cholestérol, rassurez-vous : celui-ci se concentre dans la tête et les œufs, qu'il suffit d'ôter pour se débarrasser du problème. Il faut juste un petit peu de patience pour décortiquer vos belles. Parce que, évidemment, l'idéal est de le faire vous-même, les produits tout préparés proposés au rayon frais étant de qualités inégales.

Pour ce plat, choisissez, si possible, des grosses crevettes fraîchement pêchées et cuites par votre poissonnier. Considérée sous cet angle, cette salade froide est saisonnière : on ne trouve le « bouquet » qu'entre septembre et janvier. Sinon, les surgelés nature vous tendent les bras…

Poissons et quinoa

CABILLAUD EN PARMENTIER DE QUINOA

Prenez l'habitude de parfumer vos purées de pommes de terre d'un peu de quinoa... Quand vous y aurez goûté une fois, vous ne saurez plus faire autrement !

ÉNERGIE LONGUE DURÉE
POUR 4 PERSONNES
PRÉPARATION : 10 MINUTES
CUISSON : 50 MINUTES

INGRÉDIENTS : 600 g de filets de cabillaud ; 300 g de pommes de terre ; 100 g de graines de quinoa ; 40 cl de lait ; 1 c. à s. de crème légère (ou de soja) ; 1 c. à s. d'huile d'olive ; 4 c. à s. de chapelure (voir p. 46) ; 1 c. à c. de muscade moulue ; sel gris ; poivre noir moulu.

- Plongez les pommes de terre dans une casserole d'eau salée et maintenez à frémissements 20 minutes.
- Faites cuire le quinoa à l'eau (voir p. 42).
- Pochez le cabillaud dans le lait pendant 10 minutes, puis prélevez et mixez-le.
- Écrasez pommes de terre et quinoa ensemble en purée, puis liez-les avec la crème et le lait dans lequel a cuit le poisson. Salez, poivrez, ajoutez la muscade.
- Préchauffez le four à 180 °C (th. 6).
- Huilez un plat à gratin. Étalez le poisson dans le fond, couvrez de purée puis de chapelure et enfournez 30 minutes. Servez bien chaud.

L'ASTUCE MAGIQUE. À la place du traditionnel lait de vache, essayez le lait de soja : intégré dans une préparation, son goût, qui parfois peut déplaire au naturel, passe totalement inaperçu.

LE + DE LA RECETTE. Ajouter du poisson à ces deux piliers alimentaires que sont les pommes de terre et le quinoa, nous donne un plat parfaitement équilibré. Et pardon, pas n'importe quel poisson : le cabillaud est l'un des plus maigres et donc les moins caloriques de tous, mais pas le moins protéiné, loin de là !

N'oubliez pas la belle salade verte bien croquante, qui apportera sa touche fraîcheur.

Tu l'as cru, patate crue

Lorsque les conquérants espagnols ont débarqué sur les hauts plateaux d'Amérique du Sud, ils ont découvert que les locaux se nourrissaient en grande partie de quinoa, de haricots, de maïs et… de pommes de terre. Eh oui, cette bonne vieille pomme de terre faisait bien partie de l'assiette quotidienne des Indiens !

Ces trois derniers aliments les intéressaient, mais ils délaissèrent le quinoa, jugé trop « compliqué », au profit du blé, facile à utiliser en boulangerie.

Comme quoi, la célébrité tient à peu de chose, et celle des aliments n'est pas toujours fondée sur ses qualités nutritionnelles… Une erreur de jugement qui fit tomber dans l'oubli le quinoa, aujourd'hui revenu sur le devant de la scène pour ses vertus santé indiscutables. Et qui rétrograde la pomme de terre au rang d'aimable accompagnement : sa teneur en protéines est très faible (2 g/100 g) et en outre elles sont mal assimilées ; de même que celle de glucides (19 g/100 g), des sucres pas si lents qu'on l'imagine, dont l'index glycémique varie selon le type de cuisson. Une patate cuite à l'eau est « lente », mais frite ou rissolée, elle renferme des sucres très rapides !

QUINOA AU BAR ANISÉ

Belles saveurs méditerranéennes à glisser simplement au four et à déguster en plat complet.

ANTIBALLONNEMENTS, SUPER-COUPE-FAIM
POUR 4 PERSONNES
PRÉPARATION : 12 MINUTES
CUISSON : 40 MINUTES

INGRÉDIENTS : 100 g de graines de quinoa ; 2 bars (vidés et écaillés) ; 2 bulbes de fenouil ; 2 citrons : 5 c. à s. d'huile d'olive ; 4 c. à s. de pastis ; 1 poignée de feuilles d'anis ; sel gris ; poivre noir moulu.

- Pressez les citrons. Mélangez leur jus avec l'huile, du sel et du poivre. Émincez les fenouils en fins bâtonnets. Allongez le pastis de 20 cl d'eau.
- Préchauffez le four à 210 °C (th. 7).
- Avec un pinceau, badigeonnez les bars de 2 c. à s. d'huile au citron, puis garnissez-les des feuilles d'anis.
- Huilez un plat à gratin, déposez-y le quinoa, rangez les poissons par-dessus, entourez-les du fenouil, salez, poivrez, arrosez le tout du reste de l'huile et de l'eau à l'anis (le liquide doit baigner tous les ingrédients). Enfournez 40 minutes.
- Servez bien chaud.

L'ASTUCE MAGIQUE. Dans le four, l'eau ne bout pas franchement et la cuisson du quinoa est plus longue. Vérifiez que toutes les graines aient éclaté avant de servir.

ET EN + C'EST BON ! Forcément, bar, fenouil et pastis évoquent instantanément Marseille et ses environs. C'est ici que l'on pêche les plus gros poissons, c'est bien connu. Mais la plus grosse prise de ce plat, c'est peut-être bien le quinoa, qui vient de bien plus loin, mais se plie avec humilité aux habitudes du coin. Même le pastis en reprendrait bien un petit peu, d'autant qu'avec la cuisson, l'alcool s'envole, pour ne laisser derrière lui que le goût, encore plus de goût. Ce bar bien entouré nous rappelle un fondamental : en cuisine, si tous les ingrédients ont du goût, le résultat peut être magique. Aucun risque d'être déçu ici…

Un poisson gros comme ça

Le bar est un poisson que le pêcheur aime taquiner, parce que la lutte ne manque pas de panache. Déjà, on ne l'appâte pas avec du vinaigre mais avec des crevettes, et pas n'importe lesquelles : des grosses. C'est le bouquet ! Même ainsi, notre poisson méfiant est embusqué à l'abri des flèches de l'homme. Il se trouve lui-même souvent à l'affût d'une proie. C'est que ce prédateur très actif aime les petits poissons (il adore les sardines) et tient à son confort : il batifole dans les eaux bien oxygénées des côtes ou des vagues agitées. Son caractère sauvage déteint sans doute sur sa chair, particulièrement appréciée des gourmets.

Le meilleur bar est celui dit « de ligne » : ni pêché au chalut, ni issu d'élevage, il offre une chair d'une incomparable finesse. Comme on en est aux compliments, en voici encore un, et de taille : le bar est peut-être le poisson le plus protéiné (20 g/100 g, c'est énorme !) et le moins gras (à peine 1 g/100 g). Et puisqu'on évolue dans les eaux du Sud, sachez que sur les marchés, on l'appelle aussi par son petit nom « le loubarou ».

QUINOA EN COUSCOUS DE LA MER

Même avec du poisson, même avec du quinoa, le couscous reste le couscous et ne se sert pas sans sauce harissa.

PROTECTION CARDIAQUE ET MÉTABOLIQUE
POUR 4 PERSONNES
PRÉPARATION : 10 MINUTES
CUISSON : 22 MINUTES

INGRÉDIENTS : 200 g de graines de quinoa ; 300 g de filet de lotte ; 300 g de filet de roussette ; 2 carottes ; 2 gousses d'ail ; 1 oignon ; 100 g de pois chiches au naturel ; 50 g de noix de cajou ; 30 g de raisins secs sultanines ; 1 c. à s. de jus de citron ; 2 c. à s. d'huile d'olive ; 1 c. à s. de ras-el-hanout ; sel gris ; poivre noir moulu.

- Mélangez le quinoa avec le ras-el-hanout, du sel et du poivre.
- Pelez et émincez l'ail et l'oignon. Grattez les carottes et détaillez-les en dés. Coupez les poissons en tronçons et arrosez-les du jus de citron.
- Chauffez l'huile dans une cocotte pour y faire revenir le quinoa 2 minutes. Ajoutez les carottes et l'oignon et laissez-les suer 5 minutes en remuant souvent.
- Mouillez avec 40 cl d'eau, couvrez et faites cuire 5 minutes.
- Ajoutez alors l'ail, les pois chiches, les raisins secs, les noix de cajou et le poisson, puis poursuivez la cuisson 10 minutes. Servez le quinoa recouvert du poisson.

L'ASTUCE MAGIQUE. Ce couscous s'accommode de tous les poissons à chair ferme. Variez en fonction du marché.

POURQUOI CETTE RECETTE ? Pour changer de décor. Pour précipiter le quinoa depuis le haut de sa montagne dans les embruns. Pour réconcilier terre et mer qui ont bien plus de points communs qu'ils ne l'imaginent peut-être : tous deux apportent leurs protéines, leurs bons gras, leur haut coefficient de rassasiement. Traduisez : ils matent les petites et grosses faims, en nous laissant en héritage des vitamines et minéraux à ne plus savoir qu'en faire. N'oubliez pas les noix de cajou, les moins gras de tous les fruits oléagineux qui apportent en outre un confortable taux de fer.

À la bonne huile

L'huile d'olive est bonne pour la santé, personne n'en doute. Elle fait baisser le taux de cholestérol, prend soin du cœur et sa composition est bénéfique pour l'ensemble des cellules. À condition de ne pas se tromper ! Il en va de l'huile comme de tout : il y a les bons produits, et… les moins bons. Braquez vos yeux sur les étiquettes et cherchez la mention suivante : « vierge extra ». Rien d'autre ne compte.

Et « vierge extra », ça veut dire quoi ? Que votre bouteille est haut de gamme, que son taux d'acidité est très bas, que sa saveur vous plaira. Ensuite, on peut encore monter en gamme, c'est évidemment l'idéal, mais un peu onéreux pour la cuisine au quotidien. On goûte les AOC de Nyons, vraiment top, ou alors les différents crus français ou italiens qui révèlent des tonalités gustatives étonnantes d'herbe coupée, d'artichaut ou de banane, et présentent des couleurs ou des viscosités différentes. C'est l'aventure !

SAUMON EN PAUPIETTES DE CHOU

Quelques feuilles de chou pour envelopper une mousse tendre : des paupiettes au goût bien affirmé, mais juste assez douces pour plaire à tous.

PRÉVENTION ANTICANCER
POUR 4 PERSONNES
PRÉPARATION : 12 MINUTES
CUISSON : 20 MINUTES

INGRÉDIENTS : 600 g de filet de saumon ; 50 g de quinoa cuit à l'eau (voir p. 42) ; 1 petit chou ; 2 œufs ; 25 cl de crème de soja ; 1 c. à s. d'huile d'olive ; sel gris ; poivre noir moulu.

- Ébouillantez les feuilles du chou 5 minutes pour les assouplir.
- Mixez les blancs d'œufs avec le poisson. Salez, poivrez, ajoutez le quinoa et la crème.
- Portez 1 litre d'eau à ébullition dans un cuit-vapeur.
- Étalez 8 belles feuilles de chou et répartissez la préparation au centre de chacune d'elles. Repliez en paupiettes, rangez-les dans le panier du cuit-vapeur, fermez et comptez 15 minutes de cuisson.
- Détaillez le reste du chou en lanières. Chauffez l'huile dans une sauteuse pour les faire fondre pendant 10 minutes.
- Servez les paupiettes sur un lit de lanières de choux.

L'ASTUCE MAGIQUE. Si vos paupiettes ne se tiennent pas bien, maintenez-les avant la cuisson à l'aide d'une petite ficelle ou d'une pique en bois.

LE + DE LA RECETTE. Quand deux génies de la nutrition se rencontrent, ils se racontent des histoires de fibres, de vitamines, d'oméga 3 et bien d'autres encore pour peu qu'on leur en laisse le temps. Notre quinoa et notre saumon n'auront pas le loisir de converser bien longtemps, car nous n'en faisons qu'une bouchée, fondante et goûteuse à souhait. Fin de l'épisode aussi pour le chou qui aurait bien pris part à la brillante discussion pour déclamer son couplet sur le calcium – car oui, le chou est une source majeure de calcium et de vitamine C – mais lui aussi aiguise trop notre appétit pour qu'on l'oublie sur le bord de l'assiette. Hop ! En quelques minutes, c'est plié : le dialogue se poursuivra entre ces surdoués de la diététique et nos cellules, ravies de cette aubaine.

Saumon allégé aux oméga 3

Le saumon est souvent pris en exemple pour sa richesse en oméga 3. C'est vrai qu'il en dissimule une belle réserve dans son corps musclé. Les oméga 3 sont des acides gras particuliers, que l'on trouve principalement dans les poissons et quelques autres habitants de la mer, ainsi que dans l'huile de colza et de noix. Leur originalité, c'est qu'ils sont non seulement extraordinairement bénéfiques à la santé, mais qu'en plus ils sont bons pour la ligne ! Non qu'ils soient moins caloriques, mais le corps ne les emploie pas de la même façon que les autres gras : il les brûle plus facilement et fait appel à leurs remarquables propriétés de « communicateurs intracelullaires » pour améliorer le fonctionnement global de l'organisme. Résultat : les cellules graisseuses se débarrassent plus facilement de leur « fardeau » bien lourd à porter !

TERRINE DE MAQUEREAUX AU QUINOA

*Elle se sert tranchée et bien fraîche,
accompagnée de quelques feuilles de salade verte.*

ANTICHOLESTÉROL & ANTITRIGLYCÉRIDES
POUR 4 PERSONNES
PRÉPARATION : 10 MINUTES
CUISSON : 15 MINUTES
RÉFRIGÉRATION : 4 HEURES

INGRÉDIENTS : 200 g de graines de quinoa ; 2 boîtes de maquereaux à l'huile d'olive et au citron ; 1 grand bocal de pulpe de tomate ; 1 bouillon cube de poisson ; 4 g d'agar-agar ; 1 c. à c. de piment de Cayenne ; sel gris ; poivre noir moulu.

- Faites cuire le quinoa à l'eau (voir p. 42).
- Chauffez 50 cl d'eau avec le bouillon cube, puis délayez-y l'agar-agar. Coulez 1 cm de ce liquide dans une terrine, réservez au frais.
- Quand il est pris, alternez par-dessus en couches successives : le quinoa refroidi, les maquereaux et la moitié des tomates. Salez, poivrez, terminez par une couche de quinoa. Emplissez du reste du bouillon.
- Réservez 4 heures au réfrigérateur.
- Servez la terrine démoulée, nappée du reste de la pulpe de tomate, agrémentée du piment.

L'ASTUCE MAGIQUE. L'agar-agar est le substitut végétal idéal à la gélatine animale. On le trouve sous forme de poudre ou de bâtonnets, dans les boutiques d'alimentation diététique ou en grandes surfaces.

POURQUOI CETTE RECETTE ? Parce que si le saumon évoque les oméga 3, curieusement, on ne pense pas forcément au maquereau qui en contient pourtant près de 2 fois plus !

Pour la jouer « total oméga », complétez votre repas d'une belle salade de mâche, avec de l'huile de noix ou de colza et des cerneaux de noix.

Chapeau le maquereau !

C'est entre mai et septembre que le maquereau est le meilleur. Il dévore des masses de planctons, très abondants en été, et répartit son butin partout dans son corps sous forme de graisse, exactement comme les humains ! Voici donc, juste à la fin de l'été, notre maquereau frétillant et savoureux à souhait.

C'est qu'il a fait ses réserves pour pouvoir passer l'hiver : sa chair s'est enrichie en fameux oméga 3, des graisses qui ne figent pas dans l'eau glacée. Il pourra ainsi nager tranquillement dans les mers les plus froides, sans être engourdi ou gêné par les climats peu cléments. Le maquereau est si bien pourvu par la nature en oméga 3 que, même en boîte, il conserve presque toutes ses qualités nutritionnelles ! D'autant que Monsieur appartient à la même famille que le thon : sa chair est très compacte et donc particulièrement nourrissante.

Lorsque les pêcheurs remontent le chalut plein à craquer de maquereaux, l'instant est toujours magique : né de la pluie d'écailles argentées scintillant au soleil, un festival de diamants s'offre à leur regard. Aucun doute, c'est bien un poisson à « peau bleue », parmi les plus recommandables pour la santé.

Viandes et quinoa

LAPIN AU QUINOA ET PRUNEAUX

Le temps de cuisson dépend de la qualité de la viande : 30 minutes peuvent être nécessaires pour la chair plus ferme d'un lapin bio.

TRANSIT INTESTINAL FACILE
POUR 4 PERSONNES
PRÉPARATION : 12 MINUTES
CUISSON : 25 À 35 MINUTES

INGRÉDIENTS : 1 lapin ; 150 g de graines de quinoa ; 16 pruneaux d'Agen ; 50 g de raisins secs sultanines ; 3 oignons ; quelques branches de thym ; 2 feuilles de laurier ; 2 c. à s. d'huile d'olive ; 10 cl de pur jus de raisin ; 1 c. à s. de miel ; sel gris ; poivre noir moulu.

- Dénoyautez les pruneaux. Pelez et émincez les oignons. Rincez et séchez le thym et le laurier.
- Découpez le lapin en morceaux. Chauffez l'huile dans une cocotte pour les saisir de tous côtés pendant 3 à 4 minutes.
- Ajoutez les oignons, salez, poivrez, mouillez avec 20 cl d'eau. Portez à ébullition, incorporez le thym et le laurier, puis les fruits secs avec le jus de raisin. Comptez 20 à 30 minutes de cuisson à feu doux.
- Pendant ce temps, faites cuire le quinoa à part, à l'étouffée (voir p. 44).
- Liez alors la sauce du lapin avec le miel, prélevez le thym et le laurier, puis servez le quinoa surmonté de la viande, le tout arrosé du jus de cuisson et entouré des fruits secs.

L'ASTUCE MAGIQUE. Si vous disposez d'un lapin entier, réservez son foie au frais et ajoutez-le dans la cocotte 5 minutes avant la fin de la cuisson.

LE + DE LA RECETTE. Le lapin aux pruneaux n'a pas pris une ride, il s'octroie même un sacré coup de jeune dans cette version quinoa. Au total, vous obtenez un plat très complet, particulièrement digeste et vous pouvez vous passer de dessert grâce à la saveur sucrée et obstinée des pruneaux, des raisins, du jus et du miel. Ce qui est certain, c'est qu'avec ce lapin-là, vous ne risquez pas de manquer de fibres !

Lapin très fin

Le lapin ne mange pas que des carottes. D'ailleurs, il ne se nourrit pas n'importe comment, non Madame. Il fait son délicat, et c'est bien pour ça qu'on ne trouve pas d'élevage de lapins de mauvaise qualité : notre rongeur herbivore ne tolérerait pas d'incartade à son régime alimentaire. Pas de lapin fou à l'horizon ni de conditions d'élevage indécentes, c'est déjà un très bon point.

D'un point de vue strictement nutritionnel, sa chair est l'une des rares dont la composition est parfaite. Il réussit même l'exploit d'être à la fois très très léger (c'est l'une des viandes les plus maigres) et d'apporter des oméga 3, ce qui est exceptionnel. Le lapin, ça change du poulet, c'est économique, facile à préparer et conseillé à tous car il n'apporte ni cholestérol ni purines (toxines). Idéal pour les candidats à la minceur, et les autres !

QUINOA EN SAUCE À LA DINDE

Un faux air de bolognaise sur un quinoa à point pour un plat complet et parfumé.

BON POUR L'IMMUNITÉ
POUR 4 PERSONNES
PRÉPARATION : 10 MINUTES
CUISSON : 40 MINUTES

INGRÉDIENTS : 200 g de graines de quinoa ; 300 g d'escalope de dinde ; 1 grand bocal de coulis de tomate ; 2 carottes ; 1 botte de petits oignons blancs ; 2 gousses d'ail ; 3 branches de romarin ; 1 c. à s. de piment de Cayenne ; 2 c. à s. d'huile d'olive ; sel gris.

- Rincez, séchez et effeuillez le romarin, puis ajoutez-le au coulis de tomate, avec du sel et le piment.
- Hachez les escalopes de dinde. Grattez les carottes et détaillez-les en cubes.
- Pelez et émincez les oignons et l'ail. Chauffez l'huile dans une sauteuse pour les faire revenir ensemble pendant 5 minutes.
- Ajoutez la viande pour la saisir également 5 minutes, en remuant souvent.
- Terminez avec les carottes et le coulis de tomate, salez, mélangez, puis laissez mijoter 30 minutes.
- Pendant ce temps, faites cuire le quinoa à l'étouffée (voir p. 44).
- Arrosez-le de la sauce à la dinde et servez sans attendre.

L'ASTUCE MAGIQUE. Si vous êtes très pressé, une sauce bolognaise toute prête, par exemple au tofu, peut aussi bien arroser votre assiette de quinoa.

POURQUOI CETTE RECETTE ? C'est bien la première fois qu'on conseille de la bolognaise en cuisine santé-minceur ! Mais tout s'explique : lorsque les protéines du quinoa et celles d'une viande quelconque se rencontrent, c'est toujours pour un mariage dont nous tirons bénéfice. Protéines végétales et animales se répondent, se complètent, jamais ne se battent et nous les assimilons mieux de cette façon. Cela donne en quelque sorte deux protéines pour le prix d'une !

Rouge orangé

Les tomates et les carottes partagent un point commun : leur couleur ne passe pas inaperçue. L'une renferme du lycopène rouge rouge et l'autre, du bêta-carotène super-orangé, deux antioxydants majeurs, aussi impliqués dans notre santé que dans notre beauté. Le bêta-carotène, par exemple, est très bénéfique pour la peau.

Leurs affinités ne s'arrêtent pas là. Ces antioxydants ont la particularité d'être correctement assimilés par notre corps, uniquement s'ils sont cuits et accompagnés d'un peu de graisses. Pensez-y : une salade de tomates ou des carottes râpées fournissent surtout de la vitamine C ; une fois nos deux légumes cuits, cette dernière s'est évaporée, mais ils offrent alors leurs lycopène et carotène.

Crudités ou légumes cuits, les deux ont leurs avantages, ne vous privez donc ni de belles salades, ni de plats chauds !

RÔTI AU QUINOA EN JUS DE POMME

La cuisson au jus de fruits convient particulièrement bien aux viandes blanches et au quinoa.

PROTECTION CARDIAQUE
POUR 4 PERSONNES
PRÉPARATION : 5 MINUTES
CUISSON : 50 MINUTES
INFUSION : 5 MINUTES

INGRÉDIENTS : 1 rôti de dindonneau ; 150 g de graines de quinoa ; 1 bouteille de pur jus de pomme (75 cl) ; ½ bouteille de pur jus d'orange (40 cl environ) ; 2 doses de thé vert ; 1 c. à s. de miel ; 1 c. à s. d'huile d'olive ; sel gris ; poivre noir moulu.

- Portez 30 cl d'eau à frémissements. Hors du feu, jetez-y le thé, laissez infuser 5 minutes, puis filtrez et mélangez-le aux jus de fruits.
- Chauffez l'huile dans une cocotte pour y saisir le rôti 5 minutes de tous côtés.
- Salez, poivrez, mouillez avec le thé, portez à frémissements, couvrez, puis laissez pocher la viande 40 minutes, en la retournant de temps.
- Au bout de 25 minutes, prélevez 30 cl de jus de cuisson, versez-le dans une casserole avec le quinoa pour faire cuire celui-ci à l'étouffée (voir p. 44).
- Liez alors la sauce du rôti avec le miel et laissez épaissir 5 minutes.
- Servez tranché, sur le quinoa nappé de sauce.

L'ASTUCE MAGIQUE. Remplacez le jus de pomme par son équivalent de pamplemousse rose pour une version un peu plus acidulée.

POURQUOI CETTE RECETTE ? La cuisine sucrée-salée possède divers avantages. Les jus de fruits parfument agréablement le rôti, apportant leur palette assez étendue en antioxydants et limitant le recours aux corps gras qui eux aussi, sont employés en cuisine pour renforcer les saveurs. En outre, un tel plat laissant un goût sucré en bouche, on se contente souvent d'un yaourt nature en guise de dessert. Bravo !

Une dinde qui voterait pour Noël

En adoptant une saveur « profil bas », la dinde a cherché à se faire discrète pour échapper à sa malédiction de Noël. Sans succès : l'homme a pallié son absence d'originalité en la flanquant de marrons et autres gardes du corps.

Et voilà que son humilité se retourne à nouveau contre elle ! Son goût passe-partout convient bien aux attentes des consommateurs d'aujourd'hui et, en plus, sa chair a été élue « la plus rassasiante » et « la moins allergisante » de l'année par diverses études. En allant sur ce créneau, c'est comme si cette pauvre dinde votait pour le maintien des traditions culinaires à Noël et proposait un amendement pour élargir sa consommation à tous les jours de l'année !

La viande de dinde (et donc de dindonneau) est par conséquent particulièrement recommandée à ceux qui souhaitent manger moins sans avoir faim, ainsi qu'aux personnes qui ont tendance à « ne rien digérer ».

TAJINE D'AGNEAU AUX ABRICOTS

Le quinoa apporte aux tajines sa petite note parfumée très agréable, qui se marie bien avec la saveur des épices.

BONNE MINE, BELLE PEAU
POUR 4 PERSONNES
PRÉPARATION : 10 MINUTES
CUISSON : 50 MINUTES

INGRÉDIENTS : 150 g de graines de quinoa ; 1 épaule d'agneau désossée ; 500 g d'abricots ; 2 oignons ; 1 gousse d'ail ; 1 bouquet de coriandre ; 100 g d'amandes entières ; 2 c. à s. de miel ; 3 c. à s. d'huile d'olive ; 1 c. à c. de gingembre ; 1 c. à c. de cannelle ; sel gris ; poivre noir moulu.

- Pelez et émincez l'ail et les oignons. Dénoyautez les abricots. Rincez, séchez et ciselez la coriandre.
- Coupez la viande en cubes. Chauffez l'huile dans une cocotte pour la faire revenir 5 minutes, puis réservez-la.
- À sa place, jetez l'ail et les oignons et laissez-les fondre 5 minutes. Ajoutez le miel, le gingembre, la moitié de la coriandre et la cannelle. Salez, poivrez, réincorporez la viande, mélangez, complétez avec les abricots, mouillez avec 25 cl d'eau, couvrez, puis laissez mijoter 20 minutes. Pendant ce temps, faites cuire le quinoa à l'étouffée (voir p. 44).
- Jetez alors les amandes dans la cocotte et poursuivez la cuisson 20 minutes. Servez le tajine et le quinoa très chauds, parsemés de coriandre ciselée.

L'ASTUCE MAGIQUE. Ce tajine s'adapte à toutes les saisons : il suffit de choisir les fruits en fonction du marché. Il est délicieux avec des poires en automne, des pommes en hiver ou avec les premières pêches en fin de printemps…

POURQUOI CETTE RECETTE ? Le gingembre est particulièrement utile pour digérer et atténuer toutes les nausées (y compris chez la femme enceinte). Mais sa composition le rend aussi très antidouleur : amis lecteurs arthritiques ou migraineux, pensez-y ! Il se révèle enfin plus efficace encore que l'ail ou l'oignon pour fluidifier le sang et donc prévenir les caillots sanguins.

La cannelle présente, elle, des aptitudes pour aider à réguler son taux de sucre sanguin (glycémie). Autrement dit, elle ralentit le passage du sucre dans le sang. Une aubaine pour les diabétiques et les victimes de fringales.

Les épices, c'est la santé !

Les épices sont avant tout antibactériennes. Plus le climat est chaud, moins les aliments se conservent, plus les recettes sont épicées, plus la variété d'épices employées est grande. Le gingembre et le clou de girofle sont antiseptiques, le curry est antioxydant…

La majorité des composés présents dans les épices peuvent piéger les radicaux libres et prévenir l'oxydation du mauvais cholestérol. Tout comme les fines herbes, elles relèvent les plats et contribuent donc à limiter notre consommation de sel. C'est tout bénéfice pour notre tension artérielle. Elles ouvrent l'appétit et facilitent la digestion. Elles réduisent les inflammations et certaines sont employées depuis longtemps pour traiter les arthrites. Elles préviennent certains types de cancers. On pourrait continuer encore longtemps, mais le tajine risque de refroidir.

QUINOA CANTONAIS

Dans bien des cas, le quinoa peut remplacer le riz tout simplement, sans rien enlever à la recette qu'un peu de temps de cuisson.

ÉNERGIE LONGUE DURÉE
POUR 4 PERSONNES
PRÉPARATION : 7 MINUTES
CUISSON : 22 MINUTES
REPOS : 3 MINUTES

INGRÉDIENTS : 150 g de graines de quinoa ; 150 g de blanc de poulet cuit ; 200 g de petits pois au naturel ; 6 brins de ciboulette ; 3 œufs ; 1 c. à s. de crème de soja ; 3 c. à s. d'huile d'olive ; 2 c. à s. de sauce soja ; sel gris ; poivre noir moulu.

- Faites cuire le quinoa à l'étouffée (voir p. 44).
- Battez les œufs avec la crème, du sel et du poivre. Chauffez l'huile pour y laisser prendre cette omelette pendant 4 à 5 minutes, puis coupez-la en cubes.
- Égouttez les petits pois. Détaillez le poulet en dés. Rincez, séchez et ciselez la ciboulette.
- Laissez refroidir 3 minutes, puis chauffez le reste de l'huile dans une sauteuse pour y saisir le quinoa 2 minutes en remuant sans arrêt.
- Ajoutez la viande et les petits pois et continuez à mélanger 2 minutes.
- Terminez avec les dés d'omelette et la sauce soja, parsemez de ciboulette et poursuivez la cuisson pendant encore 1 minute. Servez sans attendre.

L'ASTUCE MAGIQUE. Servez tel quel en repas léger, ou en accompagnement de poissons ou fruits de mer.

POURQUOI CETTE RECETTE ? En remplaçant le riz par le quinoa, on voyage, on s'étonne, on augmente sensiblement son taux de protéines, de minéraux et de fibres… et en même temps, on retrouve la présence rassurante des œufs et des petits pois : c'est bien du cantonais comme on le connaît !

Mélange des genres

Et pourquoi pas du quinoa cantonais, s'il vous plaît ? C'est vrai, la Chine et la cordillère des Andes, ce n'est pas la porte à côté. Mais pourquoi ne pas les présenter l'un à l'autre ? Toutes les cuisines du monde ont leurs avantages et certaines recettes acceptent d'être revisitées, voire enrichies. Ça s'appelle la *fusion food* : prendre le meilleur d'ici et de là-bas pour imaginer une nouvelle recette et cultiver le mélange des traditions.

Tout a commencé timidement avec le mariage d'épices d'ailleurs et de volailles bien de chez nous (type poulet au curry), puis la *world food* a pris ses marques et s'est emparée de nos plats 100 % terroirs pour les rendre ludiques et leur apporter une nouvelle dimension. Et puis, et puis… les frontières sont devenues floues.

Personne ne se plaint aujourd'hui du confit de canard aux bananes plantain, ni du risotto noir de langoustines au basilic thaï. Après la cuisine bourgeoise, la cuisine nouvelle et la cuisine exotique, nous sommes en plein dans l'ère du mélange des genres. Tout est permis : seuls impératifs, le plat doit être bon, créatif et joli dans l'assiette.

Le quinoa ne demande qu'à plonger dans la mondialisation des papilles. On vous le disait : c'est l'une des plus grandes qualités de ce caméléon. Mettez-le à l'épreuve !

Plats 100 % végétal

GRATIN D'AUBERGINES AU QUINOA

Aubergines et quinoa terminent de cuire au four, dans le jus des tomates qu'il faut absolument choisir bien mûres pour réussir ce gratin.

SUPER-ANTIHYPERTENSION ET ANTICHOLESTÉROL
POUR 4 PERSONNES
PRÉPARATION : 10 MINUTES
CUISSON : 50 MINUTES

INGRÉDIENTS : 1 kg d'aubergines ; 150 g de fromage frais de chèvre ; 200 g de graines de quinoa ; 4 grosses tomates bien mûres ; 2 oignons ; 3 c. à s. d'huile d'olive ; 2 c. à s. d'herbes de Provence ; sel gris ; poivre noir moulu.

- Coupez les aubergines en tranches, puis déposez-les 10 minutes dans le panier d'un cuit-vapeur.
- Incisez la peau des tomates et ébouillantez-les 1 minute, puis pelez et tranchez-les en rondelles.
- Épluchez et émincez les oignons. Chauffez 2 c. à s. d'huile dans une sauteuse pour les faire revenir 3 minutes. Ajoutez les tomates, les herbes de Provence, un peu de sel et du poivre, laissez mijoter 10 minutes, puis complétez avec le quinoa et 20 cl d'eau et poursuivez la cuisson pendant 10 minutes.
- Détaillez le fromage en lamelles.
- Préchauffez le four à 180 °C (th. 6).
- Rangez les aubergines dans un plat à gratin huilé, couvrez du contenu de la sauteuse puis du fromage. Enfournez 15 minutes. Servez chaud.

L'ASTUCE MAGIQUE. Pour une touche italienne, mozzarella et basilic peuvent remplacer le chèvre et les herbes de Provence.

POURQUOI CETTE RECETTE ? L'aubergine appelle l'huile d'olive, la tomate, l'oignon et même le chèvre... Avec une assiette pareille, on se protège contre les accidents cardiaques. C'est prouvé ! Mais c'est aussi un excellent passeport longévité, antidiabète et anticancer. Une assurance-vie en quelque sorte...

Pensez à bien rincer vos aubergines avant de vous lancer dans la préparation, même si leur aspect vous semble parfait. Et si vos intestins sont sensibles, évitez de consommer la peau, la digestion sera plus confortable. Même remarque pour les graines, qui peuvent perturber les systèmes digestifs délicats. Poussez-les sur le bord de l'assiette s'il y en a beaucoup.

Régime méditerranéen

L'alimentation méditerranéenne est un modèle nutritionnel. Ce ne sont pas ses adeptes qui diront le contraire : saine, simple, pratique, pas chère, elle permet de vivre en bonne santé, et longtemps. Et c'est prouvé !

Ses 10 grands principes : 1) Des fruits et légumes. 2) Des herbes. 3) Des céréales, des légumes secs. 4) Des amandes et des noix. 5) De l'huile d'olive. 6) Du poisson (un peu !). 7) Un petit peu de vin rouge. 8) Peu de viande. 9) Peu de produits laitiers. Pas de lait. 10) Du soleil !

Et qui nous empêche d'y ajouter une touche de quinoa, si bien sous tous rapports ?

PILAF DE QUINOA AUX LENTILLES

Joliment coloré, subtilement épicé et bien complet, un pilaf à servir en plat unique du soir.

LE SUPER-PROTECTEUR CARDIAQUE
POUR 4 PERSONNES
PRÉPARATION : 10 MINUTES
CUISSON : 30 MINUTES

INGRÉDIENTS : 200 g de lentilles corail ; 200 g de graines de quinoa ; 2 oignons ; 2 gousses d'ail ; quelques brins de persil ; 1 c. à c. de cannelle ; ½ c. à c. de muscade ; 1 pointe de gingembre ; 1 bouillon cube de légumes ; 1 c. à s. d'huile d'olive ; sel gris ; poivre noir moulu.

- Portez 60 cl d'eau à frémissements avec le bouillon cube.
- Pelez et émincez les oignons et l'ail. Chauffez l'huile dans une sauteuse pour les faire fondre 5 minutes avec les épices.
- Ajoutez les lentilles, mélangez, mouillez avec le bouillon, laissez frémir 10 minutes, puis complétez avec le quinoa. Salez, poivrez, mélangez bien, couvrez et laissez mijoter 15 minutes.
- Rincez, séchez et ciselez le persil. Parsemez-en le plat avant de servir.

L'ASTUCE MAGIQUE. Les lentilles corail plaisent par leur jolie couleur orangée, mais aussi parce qu'elles cuisent bien plus vite que leurs sœurs vertes du Puy. Si tout de même vous préférez ces dernières, comptez 10 à 15 minutes de cuisson supplémentaires.

POURQUOI CETTE RECETTE ? Le tandem quinoa/lentilles fonctionne bien et s'entend à merveille pour vous apporter des protéines complètes, très bien assimilables. Tout est parfait dans le meilleur des mondes, surtout si ce plat constitue votre dîner. En effet, manger 100 % végétarien est un très bon plan pour le soir. Léger, le menu ne provoque pas de lourdeur digestive et ses sucres très lents vous garantissent une nuit paisible. Deux raisons : d'une part parce qu'ils apporteront de l'énergie douce en continu à votre corps pendant la nuit, fournissant à votre cerveau de quoi faire de beaux rêves, qui sait. D'autre part parce que les sucres lents favorisent l'équilibre de la sérotonine, une substance « spécial apaisement », nécessaire au bien-être et au repos.

Fais dodo...

Certains aliments sont propices à l'éveil, d'autres non. Et quelques-uns d'entre eux aident même à se détendre, préparant notre corps à une bonne nuit de sommeil. Quelques bases pour un dîner marchand de sable :

- Évitez la viande rouge : ses protéines ont un effet plutôt tonifiant.
- Ne mangez pas trop (surtout de gras) : une digestion lente empêche de dormir, ou trouble le sommeil.
- Ne sautez pas le repas du soir : avis de réveil de nuit avec descente dans le frigo fortement probable.
- Limitez les sucres rapides le soir, destinés à fournir une énergie rapide et « violente » ; forcez au contraire sur les sucres lents, vecteurs d'une douce énergie longue durée propice à une nuit sereine.
- Interdisez-vous toute consommation d'aliments excitants : café, thé, cola, et même chocolat chez les plus sensibles à la caféine… bien qu'un petit carré le soir soit plutôt apaisant et induise la fabrication de sérotonine.

PIZZA DE QUINOA AUX OIGNONS

La farine de quinoa apporte un goût très prononcé à toutes les préparations. Très agréable en petite quantité, elle est cependant, pour cette raison, rarement utilisée seule.

MÉMOIRE & CONCENTRATION
POUR 4 PERSONNES
PRÉPARATION : 20 MINUTES
REPOS DE LA PÂTE : 3 HEURES
CUISSON : 35 MINUTES

INGRÉDIENTS : 300 g de farine semi-complète ; 100 g de farine de quinoa ; 1 bocal de sauce tomate (à la provençale ou spéciale pizza) ; 4 oignons ; 1 petit bouquet de sauge ; 15 g de levure de boulanger ; 10 cl de crème légère (ou de soja) ; 4 c. à s. d'huile d'olive ; sel gris ; poivre noir moulu.

- Délayez la levure dans 15 cl d'eau tiède. Ajoutez 2 c. à s. d'huile, les farines et du sel. Pétrissez 10 minutes, puis laissez lever 3 heures à température ambiante.
- Pelez et émincez les oignons. Chauffez le reste de l'huile dans une poêle pour les laisser fondre 10 minutes.
- Préchauffez le four à 210 °C (th. 7).
- Rincez, séchez et ciselez la sauge. Mélangez-la à la crème avec du sel et du poivre.
- Étalez la pâte. Déposez-la sur une plaque huilée, couvrez-la de la sauce tomate puis des oignons, arrosez de crème à la sauge et enfournez 25 minutes.
- Servez sans attendre.

L'ASTUCE MAGIQUE. À défaut de sauge fraîche, prévoyez 2 c. à s. d'herbes de Provence ou d'origan.

POURQUOI CETTE RECETTE ? À quoi ressemble une pizza à la farine de quinoa ? À une pizza classique, sauf qu'elle est plus intéressante d'un point de vue nutritif. Surtout la nôtre : pleine de protéines et de sucres (vraiment) lents, avec notre sauce tomate supervitaminée et antioxydante. Reste la sauge, véritable coach digestif, grande amie des femmes, employée en phytothérapie pour régulariser les règles (si celles-ci sont irrégulières, trop peu abondantes ou douloureuses) et apaiser les troubles de la ménopause.

Roulé dans la farine !

Vous n'allez pas nous faire le coup de la farine blanche, raffinée, dépouillée de ses fibres et de ses minéraux ? Si ? Alors, reprenons : la farine blanche, si vous respectez un tant soit peu votre santé, c'est non. Elle ne présente aucun avantage et pas mal d'inconvénients. Elle renferme si peu de magnésium, de vitamines et d'enzymes qu'on ne mentionnera pas ses faibles scores. Alors que la farine semi-complète (bise), est nettement mieux pourvue en tous ces éléments si importants pour la santé. Revers de la médaille : elle se conserve généralement un peu moins bien, et mieux vaut terminer un paquet de farine « semi-complète » (ou a fortiori « complète ») dans le trimestre qui suit son ouverture.

Choisir une bonne farine est important, car nous en consommons finalement des quantités importantes chaque jour, ne serait-ce que sous forme de pain. Si on multiplie par 365, cela nous donne 365 fois le bon choix, ou le mauvais ! Les petits ruisseaux font les grandes rivières…

Tant que vous y êtes, pensez à adopter le pain complet, les pâtes complètes et même les céréales ou biscuits complets.

QUINOA AUX ÉPICES DOUCES

Plat complet et bien protéiné d'un soir léger, ce quinoa aux épices douces peut aussi, en moindres proportions, accompagner des oeufs au plat pimentés ou se servir aux côtés de légumes sautés.

ANTICOLITE (PAIX DU VENTRE)
POUR 4 PERSONNES
PRÉPARATION : 10 MINUTES
CUISSON : 12 MINUTES
REPOS : 3 MINUTES

INGRÉDIENTS : 250 g de graines de quinoa ; 2 c. à c. de cannelle en poudre ; 1 c. à c. de cardamome ; 125 g d'amandes entières ; sel gris.

- Faites cuire le quinoa à l'étouffée (voir p. 44).
- Dans une poêle sèche, déposez la cannelle et la cardamome avec le sel, puis laissez-les sécher à feu très doux pendant 5 minutes, en remuant souvent.
- Enfermez les amandes dans un petit sac hermétique et concassez-les à l'aide d'un rouleau à pâtisserie ou d'une bouteille solide.
- Réunissez le quinoa, les amandes et le mélange d'épices.
- Servez chaud.

L'ASTUCE MAGIQUE. Si votre quinoa est déjà cuit (et froid), mélangez-le aux amandes et aux épices, déposez-le dans un petit saladier, couvrez d'un film alimentaire, puis réchauffez le tout à la vapeur pendant 10 minutes.

POURQUOI CETTE RECETTE ? Ce quinoa est une merveille de simplicité et d'équilibre. Les bienfaits de sa petite graine, dont vous maîtrisez désormais les atouts, sont renforcés par ses amis les amandes, grandes pourvoyeuses également de protéines, de bons gras (semblables à ceux de l'huile d'olive) et de calcium – un minéral apaisant, qui décontracte les muscles. Et puis vous connaissez désormais notre faible pour les épices douces (voir p. 117).

Petit déjeuner de roi... dîner de pauvre !

La chrononutrition, c'est l'art de manger ce qu'il faut quand il faut. Autrement dit consommer les aliments correspondant à nos besoins physiologiques du moment. Ça n'a rien de nouveau ni de farfelu, le plus reculé de nos ancêtres les plus primitifs se nourrissait ainsi, régi par ses instincts. Vous ne mangez rien le matin ? Et le soir, vous engloutissez des dîners pantagruéliques, avec chariot des desserts à volonté ? Tout faux. Sans retourner au temps des hommes de Cromagnon, avec option peau de bête et dortoir à la dure dans les cavernes, écoutez vos pulsions instinctives, calquées sur nos gènes qui, eux, n'ont pas évolué d'un iota depuis tout ce temps.

Notre petite voix intérieure nous répète que nous sommes conçus pour manger : plutôt gras le matin ; plutôt dense le midi ; sucré l'après-midi ; léger le soir.

Il serait temps de l'écouter ! Ce quinoa suavement épicé lui prête une oreille attentive.

TOMATES FARCIES

Le quinoa termine de cuire au four dans la pulpe des tomates, formant une farce légère et subtilement croquante.

AMIES DU CŒUR ET DE LA PROSTATE
POUR 4 PERSONNES
PRÉPARATION : 12 MINUTES
CUISSON : 23 MINUTES

INGRÉDIENTS : 125 g de graines de quinoa ; 4 grosses tomates à farcir ; 2 gousses d'ail ; 1 petit bouquet de basilic ; 2 c. à s. de pignons de pins ; 4 c. à s. de parmesan râpé ; 3 c. à s. d'huile d'olive ; sel gris ; poivre noir moulu.

- Lavez et essuyez les tomates. Coupez-leur un chapeau et évidez-les, puis retournez-les sur une feuille de papier absorbant pour les laisser rendre leur jus.
- Pendant ce temps, plongez le quinoa dans une grande quantité d'eau bouillante pendant 3 minutes.
- Pelez les gousses d'ail. Rincez et séchez le basilic.
- Préchauffez le four à 150 °C (th. 5).
- Égouttez le quinoa, puis mixez-le avec les pignons, l'ail, la pulpe des tomates, 2 c. à s. d'huile, le basilic, le parmesan, le sel et le poivre, pour obtenir une pâte assez épaisse. Farcissez-en les tomates et replacez les chapeaux. Rangez-les dans un plat à gratin huilé et enfournez 20 minutes.

L'ASTUCE MAGIQUE. Chaudes, tièdes ou froides, ces tomates peuvent se servir aux côtés d'une salade verte ou de spaghettis au quinoa, comme des spaghettis rouges quinoa-tomates-piment.

POURQUOI CETTE RECETTE ? Parce que personne ne résiste aux tomates farcies, surtout celles-ci. Ail, basilic, huile d'olive, pignons de pin, parmesan… si ce cocktail ne vous évoque pas la Méditerranée, notamment la dolce vita italienne, c'est à n'y rien comprendre. Nous, en tout cas, on fait ce qu'on peut pour flatter à la fois vos papilles et nouer des amitiés sincères avec vos cellules, qui forcément adorent le parmesan pour sa teneur absolument record en calcium, l'huile et les pignons pour leurs acides gras très protecteurs, l'ail pour son insatiable capacité à fluidifier le sang. Nous avons inventé la première tomate farcie anti-maladie cardiaque !

Rouge comme une tomate !

La tomate déplace tous les scientifiques du monde, qui lui consacrent des journées entières dans les congrès médicaux. C'est que la belle timide recèle un trésor sous sa robe écarlate : du lycopène. Cet antioxydant majeur protège les hommes du cancer de la prostate. C'est en étudiant l'alimentation des Italiens, gourmands de pizza napolitaine et de sauce tomate, que les scientifiques ont fini par découvrir ce composé exceptionnel ! Alors que l'heure est à la parité, il serait cependant injuste de ne pas mentionner que la tomate est utile à l'ensemble de la population, puisque son cher lycopène protège aussi le système cardiaque.

Mais pour que ces messieurs-dames profitent pleinement de ce bon lycopène, il faut faire cuire ladite tomate et l'accompagner d'un petit peu d'huile d'olive. Comme dans cette recette ! La vie n'est-elle pas merveilleuse ?

STEAKS DE TOFU AU QUINOA

À servir avec une salade fraîche ou quelques légumes chauds.

AMIS DES FEMMES ET DES DIABÉTIQUES
POUR 4 PERSONNES
PRÉPARATION : 10 MINUTES
CUISSON : 21 MINUTES
REPOS DE LA PÂTE : 1 HEURE

INGRÉDIENTS : 100 g de graines de quinoa ; 300 g de tofu ; 2 carottes ; 2 échalotes ; 30 g de pignons de pin ; 1 petit bouquet de basilic ; 2 c. à s. d'huile d'olive ; sel gris ; poivre noir moulu.

- Faites cuire le quinoa à l'eau (voir p. 42).
- Émiettez le tofu. Râpez les carottes.
- Pelez les échalotes, rincez et séchez les herbes, puis hachez-les ensemble avec les pignons, du sel et du poivre.
- Égouttez le quinoa, puis incorporez-lui ce hachis avec le tofu et les carottes. Couvrez d'un film alimentaire et réservez 1 heure au réfrigérateur.
- Divisez alors la pâte en 4 et façonnez-la en forme de steaks. Chauffez l'huile d'olive dans une poêle pour les saisir pendant 3 minutes de chaque côté.

L'ASTUCE MAGIQUE. On trouve maintenant du tofu partout, en plaquettes pratiques à l'emploi. Si sa prétendue fadeur vous fait hésiter, essayez-le fumé ou parfumé aux herbes : deux présentations parfaites pour ces steaks.

POURQUOI CETTE RECETTE ? Le quinoa et le soja sont incontestablement les stars de l'alimentation végétarienne. Ils apportent des protéines équilibrées et en quantité tout à fait honorable, comparables à celles de la viande. Prouesse hors de portée des autres légumes secs, graines et céréales qui doivent toujours s'associer entre eux pour fournir des protéines complètes.

Fou de tofu

Le soja nourrit une bonne partie de la planète car, tout comme le quinoa, ses protéines sont bien équilibrées. De tout le règne végétal, c'est même lui qui en apporte le plus (36 g aux 100 g). À partir de sa graine, on fabrique du tofu, sorte de « fromage frais de soja » qui, lui, renferme 11 g de protéines aux 100 g, soit un peu moins que notre chouchou, le quinoa. Particulièrement recommandé aux personnes attentives à leur équilibre alimentaire et soucieuses de ne pas grossir, il est même chaudement conseillé aux diabétiques ainsi qu'à tous ceux qui doivent protéger leur cœur. En effet, le soja, donc le tofu :

- incite à manger moins de viande et plus de végétaux ;
- est l'un des aliments les plus rassasiants, idéal pour diminuer sa ration calorique sans sensation de faim ;
- aide à maîtriser le taux de cholestérol ;
- est un allié des femmes grâce à ses phyto-œstrogènes (ils apaisent les troubles de la ménopause, protègent l'os…) ;
- participe à la prévention du cancer du sein, de l'utérus et de la prostate ;
- en version bio, il allie l'intérêt nutritionnel à la protection écologique – aucun engrais azoté nécessaire, utilisation de pesticides quasi inexistante pour sa culture, etc. Attention aux OGM !

GRATIN DE QUINOA AUX FEUILLES VERTES

Bien des feuilles vertes peuvent parfumer ce gratin : essayez-le aussi avec des épinards ou des feuilles de bettes.

CIRCULATION SANGUINE AU TOP
POUR 4 PERSONNES
PRÉPARATION : 15 MINUTES
CUISSON : 37 MINUTES

INGRÉDIENTS : 200 g de graines de quinoa ; 2 grosses laitues ; 2 c. à s. de farine ; 20 cl de lait ; 2 gousses d'ail ; 2 c. à s. de chapelure (voir p. 46) ; 1 c. à s. d'huile d'olive ; sel gris.

- Faites cuire le quinoa à l'eau (p. 42) pendant seulement 5 minutes, puis égouttez-le.
- Pelez et hachez les gousses d'ail.
- Lavez et essorez les laitues, puis émincez-les. Déposez-les dans une sauteuse sèche et laissez-les fondre 10 minutes en remuant de temps en temps.
- Salez, saupoudrez de la farine, ajoutez l'ail, puis mouillez avec le lait en mélangeant constamment. Laissez épaissir 2 minutes.
- Préchauffez le four à 180 °C (th. 6).
- Huilez un plat à gratin. Étalez-y le quinoa, puis couvrez-le de la préparation à la laitue. Parsemez de chapelure et enfournez 20 minutes.

L'ASTUCE MAGIQUE. Donnez un peu de corps à votre gratin en utilisant de la farine semi-complète plutôt que de la blanche ; vous y gagnez « un peu » en tout : goût, consistance, santé…

LE + DE LA RECETTE. Mêler quinoa et légumes verts est toujours une bonne idée. On connaît des réfractaires à la salade qui, curieusement, n'apprécient pas son croquant en bouche. Plus d'excuse ici : elle est fondue, tendre comme l'agneau qui vient de naître et rendue plus douce encore par ce gratin plébiscité par tous.

Tes laitues naissent-elles ?

La laitue a connu des heures difficiles. On l'a longtemps accusée de calmer les ardeurs amoureuses, autrement dit d'être « antiaphrodisiaque ». Légendes que tout cela, bien sûr, et on peut même avancer que cette salade sans prétention, banale et quotidienne, participe au contraire activement à notre santé et, notamment, à notre circulation du sang. En effet, l'aspect quelque peu « doux » et comme « gras » des feuilles bien vertes de laitue rappelle celui de la mâche, et pour cause : ces deux salades renferment des quantités non négligeables d'oméga 3 ! Or, ces derniers fluidifient le sang, prêtant indéniablement main-forte à notre circulation sanguine, y compris celle qui irrigue les organes génitaux. Sans compter que c'est une source intéressante de vitamines et de minéraux. Tout pour plaire !

Voilà qui apprendra aux mauvaises langues à dénigrer cette douce salade sans en connaître l'intimité.

QUINOA AUX CAROTTES RÂPÉES

Une assiette primeur, surtout si vous choisissez des herbes fraîches et des carottes nouvelles.

EXTRA-LIGHT
POUR 4 PERSONNES
PRÉPARATION : 15 MINUTES
CUISSON : 15 MINUTES

INGRÉDIENTS : 250 g de graines de quinoa ; 1 bouillon cube aux légumes ; 4 carottes ; 1 oignon ; 1 c. à c. de thym ; quelques brins de persil ; sel gris.

- Grattez les carottes et râpez-les. Rincez, séchez et ciselez le persil. Chauffez 40 cl d'eau avec le bouillon cube.
- Pelez l'oignon et émincez-le finement. Déposez-le dans une sauteuse avec 10 cl d'eau et portez à frémissements pour 5 minutes.
- Ajoutez alors les carottes, le quinoa et le thym. Mélangez bien, puis mouillez avec le bouillon chaud. Couvrez et laissez cuire à feu très doux pendant 12 à 15 minutes, jusqu'à ce que tous les germes aient éclaté.
- Salez si nécessaire, parsemez de persil et servez sans attendre.

L'ASTUCE MAGIQUE. Remplacez le thym et le persil par 1 c. à s. de cumin en poudre : cette touche épicée conviendra mieux aux ambiances hivernales.

LE + DE LA RECETTE. Des carottes râpées cuites, vous n'aviez jamais vu ça... Et pourquoi pas ? Cette assiette primeur toute simple fait du bien au moral... et aux cellules. Et puis ayons une petite pensée pour les personnes à l'intestin si fragile que la moindre crudité leur est interdite. Elles aussi ont droit à leurs carottes ! Nous devrions d'ailleurs tous en manger régulièrement, non pas pour avoir les cuisses roses ou devenir plus aimable (bien que dans ce domaine plusieurs précautions valent mieux qu'une...), mais parce que cette racine orange regorge de pectines, des fibres très très douces et antifringales. En plus, elle aide à éliminer l'eau en excès, donc à dégonfler. Celles qui souffrent de jambes lourdes et de doigts boudinés voient très bien de quoi on parle.

Dans le bouillon

Il y a bouillon cube et bouillon cube. Sur les étiquettes des marques « classiques », bien avant l'huile d'olive et les extraits de légumes déshydratés fièrement mis en avant, on déchiffre une litanie d'additifs, tels que « sel, sirop de glucose, exhausteurs de goût – glutamate et inosinate de sodium », puis « arômes, acidifiant, antioxygène – gallate de propyle »...

Sur les bouillons cubes version bio, en tous points similaires d'un point de vue utilisation pratique, c'est simple : de l'huile d'olive (bio), des herbes et légumes, point. Zéro additif et 30 % de sel en moins. À peine plus cher et infiniment meilleur.

Il existe aussi la version « bouillons surgelés » et des sachets d'herbes à infuser, super-pratiques et bien sous tous rapports.

Et vous, vous le voulez à quoi votre bouillon ?

MARMITE PRIMEUR AU QUINOA

Rien qu'à l'imaginer, avec ces tendres légumes et ces herbes qui sentent si bon, elle fait envie. Et en version « Astuce magique » (voir en bas de page), elle demande à peine 5 minutes de préparation !

HYPER-REMINÉRALISANTE
POUR 4 PERSONNES
PRÉPARATION : 25 MINUTES
CUISSON : 25 MINUTES

INGRÉDIENTS : 250 g de petits pois ; 250 g de fèves ; 250 g de carottes ; 150 g de quinoa ; 1 oignon ; 1 branche de thym ; 1 branche basilic ; quelques brins de persil ; sel gris ; poivre noir moulu.

- Rincez et séchez les herbes. Ciselez le persil.
- Écossez les petits pois, épluchez les fèves, grattez les carottes. Pelez et émincez l'oignon. Portez 50 cl d'eau à ébullition pour les faire cuire ensemble avec le thym et le basilic pendant 10 minutes.
- Ajoutez alors le quinoa et poursuivez la cuisson 15 minutes, jusqu'à ce que toutes les graines aient éclaté.
- Salez et poivrez, puis servez parsemé de persil.

L'ASTUCE MAGIQUE. Facilitez-vous la vie et gagnez du temps sur la préparation ! Petits pois, fèves et carottes se trouvent au rayon « surgelés », nature et tout épluchés. Thym et basilic séchés, en sachet, sont toujours disponibles et prêts à l'emploi.

LE + DE LA RECETTE. Légumes à tous les étages ! Des petits pois, remarquablement protéinés pour des légumes. Des fèves, très riches en fibres, en fer et en sucres lents. Des carottes, bourrées de fibres douces et d'antioxydants. Des oignons, anti-cholestérol et qui aident à maîtriser le taux de sucre dans le sang… Vous êtes des gros gâtés !

Surgelés : simplifions-nous la vie !

Les surgelés ont meilleure réputation que jadis. Heureusement, les mentalités évoluent et l'on sait, désormais, que ces aliments renferment grosso modo autant (voire plus) de vitamines que leur équivalent frais puisqu'ils sont surgelés sur le lieu de récolte : pas de perte vitaminique au soleil, lors de stockage ou autre piège à vitamines. Pour le goût, c'est encore en discussion.

Les gourmets intransigeants grommellent que si les surgelés peuvent rendre service, ils sont encore généralement moins bons que les légumes frais. Vrai. Mais encore faut-il prendre en compte le principe de réalité : si le choix, c'est légumes surgelés ou frites, alors on prend la première option. Qui a l'envie ou le temps d'éplucher des fèves ? D'écosser des petits pois ? De temps à autre, pourquoi pas, mais au quotidien, simplifions-nous la vie !

Et puis les légumes surgelés d'aujourd'hui n'ont plus rien à voir avec ceux d'hier et encore moins d'avant-hier : ils sont sélectionnés différemment. Les techniques de surgélation aussi, ont changé. Bref, un bon légume surgelé correctement préparé (même au micro-ondes) épaterait sûrement plus d'un sceptique… Ne restez pas bloqué sur une idée préconçue… regoûtez ?

PÂTES DE QUINOA AUX LÉGUMES

Les pâtes au quinoa cuisent plus rapidement que celles de blé. Mais vous trouverez bien souvent des pâtes mi-blé, mi-quinoa, et pour la cuisson, tout dépend du dosage. Fiez-vous aux indications portées sur le paquet !

ÉQUILIBRE & VITAMINES
POUR 4 PERSONNES
PRÉPARATION : 8 MINUTES
CUISSON : 12 MINUTES

INGRÉDIENTS : 250 g de pâtes au quinoa ; 2 carottes ; 1 courgette ; 1 poivron ; 2 oignons ; 3 gousses d'ail ; 4 c. à s. de bouillon de légumes ; 2 c. à s. d'huile d'olive ; 2 c. à s. de vinaigre balsamique ; sel gris ; poivre noir moulu.

- Faites cuire les pâtes *al dente.*
- Ôtez la peau du poivron au couteau économe, grattez les carottes, épluchez la courgette, puis détaillez-les tous en cubes.
- Pelez et émincez les oignons et l'ail. Chauffez l'huile dans une sauteuse pour les faire fondre pendant 3 minutes.
- Complétez avec le poivron, la courgette et les carottes, salez, poivrez, puis comptez encore 2 minutes de cuisson.
- Mouillez alors avec le vinaigre et le bouillon, mélangez, couvrez et laissez mijoter 5 minutes.
- Égouttez les pâtes et incorporez-les dans la sauteuse. Mélangez 2 minutes et servez sans attendre.

L'ASTUCE MAGIQUE. Certaines pâtes, déjà parfumées, sont idéales pour ce genre de préparation. Essayez les quinoa-persil-ail, pour voir…

POURQUOI CETTE RECETTE ? Si vous goûtez un seul produit fabriqué à base de quinoa, ce sont les pâtes. Dans cette assiette, légumes et pâtes se sont intimement mêlés pour vous offrir le meilleur et le plus doux du monde végétal. Au passage, vous faites le plein de vitamines, de protéines, de minéraux, de bons acides gras, de sucres lents… on en oublie ? Pour le bouillon, reportez-vous p. 137 pour vous remettre en mémoire l'intérêt des cubes bio. Mais peut-être avez-vous déjà pris ce bon réflexe ? En tout cas, ces pâtes… elles sont tout simplement trop bonnes.

1/3 féculents et 2/3 légumes

Vous aimez les pâtes ? Vous allez adorer les pâtes au quinoa. Et c'est une dévoreuse de *pasta* qui vous parle ! Les gourmands seront ravis de découvrir enfin de « nouvelles » pâtes, nettement plus intéressantes que leurs homologues « classiques », d'un point de vue nutritionnel en tout cas. Quant à les décorer de cubes de légumes, cela devrait devenir une habitude, quel que soit le plat, les pâtes ou le riz que vous souhaitez déguster.

En théorie, un plat complet idéal comprend une source de protéines animales (par exemple du poisson), 1/3 de quinoa (ou pâtes, ou riz, ou pommes de terre) et 2/3 de légumes « verts » (comme ici les carottes, courgettes et poivrons). En prenant cette simple habitude, vous êtes presque assuré de manger varié, équilibré, et bon pour la ligne, sans vous soucier de calculer vos calories, de réfléchir aux associations alimentaires et autres principes compliqués.

Vous vous souviendrez ? 1 portion de « viande » + ⅓ féculents + ⅔ légumes.

QUINOA À LA SAUCE TOMATE

La recette est si simple ! Mais le quinoa légèrement toasté et les graines de sésame lui donnent une touche légèrement fumée incomparable !

SANS GLUTEN
POUR 4 PERSONNES
PRÉPARATION : 7 MINUTES
CUISSON : 17 MINUTES

INGRÉDIENTS : 200 g de graines de quinoa ; 1 oignon ; 25 cl de sauce tomate ; 1 c. à s. d'huile d'olive ; 2 c. à s. de sésame toasté ; sel gris ; poivre noir moulu.

- Pelez l'oignon et émincez-le. Chauffez l'huile dans une sauteuse pour le faire revenir pendant 2 minutes.
- Ajoutez le quinoa et dorez-le 3 minutes, en mélangeant sans arrêt.
- Mouillez avec 40 cl d'eau froide, portez à ébullition, couvrez, puis laissez frémir jusqu'à ce que le liquide ait presque disparu (10 minutes environ).
- Salez, poivrez, ajoutez la sauce tomate et poursuivez la cuisson 2 minutes.
- Servez parsemé des graines de sésame.

L'ASTUCE MAGIQUE. Un petit pot peut changer bien des choses… comme le goût de la sauce tomate et celui de ce plat tout entier ! N'hésitez pas à varier : sauce au basilic, à la provençale, aux cèpes, bolognaise… vous n'avez que l'embarras du choix.

LE + DE LA RECETTE. Certains arguments ne tiennent pas debout : « manger bien, c'est long », « je n'ai pas le temps de cuisiner », « les céréales, c'est compliqué »... La vérité, c'est que ce plat-là se prépare aussi facilement et rapidement qu'une platée de pâtes « lambda » ! Sauf qu'au final, vous bénéficiez de tous les avantages du quinoa et d'aucun inconvénient du blé qui n'est pas toujours bien toléré sur le plan digestif et dont les protéines sont déséquilibrées... Tout bénéfice.

Top chrono

Qui a dit qu'il fallait périr d'ennui pendant de longues heures dans une cuisine surchauffée, à lutter avec une multitude d'ingrédients qui risquent d'attacher, alors que le tout sera dévoré en moins de 6 minutes... ou pire encore, raté ? Sûrement pas nous !

Préparer vite et bien, c'est un facteur-clé de l'alimentation-santé, sinon, c'est simple : on ne le fait pas et, du coup, on avale n'importe quoi. Et puis il existe des tas de bonnes raisons pour écourter son passage devant les fourneaux.

- Plus la cuisson est longue, plus les vitamines s'envolent, et les enzymes aussi...
- Cela réconcilie deux frères longtemps considérés comme ennemis : l'équilibre alimentaire et l'art culinaire. Vite fait, c'est souvent bien fait !
- Il y a tant d'autres choses passionnantes à faire dans la vie...

C'est pour cela que nos recettes sont toujours ultrasimples et que nous avons, en quelque sorte, réponse à tout, dès lors que notre interlocuteur est de mauvaise foi : non, manger sainement, ce n'est ni long, ni fastidieux, ni compliqué. Il suffit juste d'essayer ! Viiiiiiiiiiiite !

SAUTÉ DE QUINOA AUX CHAMPIGNONS

Préférez les savoureuses espèces de saison aux champignons de Paris, plus fades. Ici, pleurotes ou girolles sont idéales.

SUPER-IMMUNITÉ
POUR 4 PERSONNES
PRÉPARATION : 15 MINUTES
CUISSON : 14 MINUTES

INGRÉDIENTS : 250 g de graines de quinoa ; 300 g de champignons ; 2 gousses d'ail ; 1 oignon ; quelques brins de persil ; 1 bouillon cube aux légumes ; 2 c. à s. d'huile d'olive ; 1 c. à s. de vinaigre balsamique ; sel gris ; poivre noir moulu.

- Chauffez 40 cl d'eau avec le bouillon cube. Nettoyez et émincez les champignons.
- Pelez et hachez l'oignon. Chauffez la moitié de l'huile dans une sauteuse pour le faire revenir pendant 2 minutes avec le quinoa.
- Mouillez avec le bouillon, portez à ébullition, puis couvrez et laissez frémir 12 minutes.
- Pendant ce temps, jetez les champignons dans une poêle sèche pendant 10 minutes.
- Épluchez l'ail et détaillez-le en lamelles. Rincez, séchez et ciselez le persil.
- Versez le reste de l'huile sur les champignons, incorporez l'ail et le persil, salez, poivrez, mélangez 3 minutes, puis déversez le tout sur le quinoa.
- Déglacez la poêle avec le vinaigre, arrosez le quinoa de cette sauce et servez.

L'ASTUCE MAGIQUE. 60 g de cerneaux de noix apporteront une touche encore plus automnale à ce plat.

LE + DE LA RECETTE. L'intérêt d'une graine aussi adaptable que le quinoa, c'est qu'on peut l'employer à toutes les sauces. Façon de parler. En tout cas à toutes les textures ! Les champignons se prêtent merveilleusement à ce genre de jeu. Résultat : un plat très « terroir » dont le quinoa souligne les spécificités et une belle leçon de protéines végétales. Car si le quinoa en apporte à la pelle, les champignons se défendent très bien aussi sur ce point. Eh oui ! Ce plat est donc complet, particulièrement intéressant pour ses apports en minéraux et en oligo-éléments. Pensez-y en cas de petit coup de fatigue, justement à l'automne, tiens, grande saison des champignons…

« Ah les champi, champignons de Paris… ! »

Ils n'ont jamais poussé à Paris et ils sont cultivés à l'aide de produits de synthèse, donc fortement… comment dire… industrialisés. Ce n'est pas qu'ils soient mauvais, mais ils n'ont pas le même parfum que leurs cousins sauvages qui établissent leur camp où bon leur semble et fournissent des apports nutritionnels sans comparaison. Liberté !

Selon les variétés, ils sont pleins de cuivre (girolles), de sélénium (cèpes), mais aussi de fer (bien assimilé), de fibres et même de vitamines B et de protéines, plutôt rares dans le monde végétal.

Il faut dire que le champignon est moitié végétal moitié animal. Eh oui, cette drôle de créature hybride a la bonne idée de nous apporter les bénéfices des deux règnes, sans leurs inconvénients. Il serait dommage de s'en priver !

Desserts et goûters

ENTREMETS DE QUINOA AUX PRUNEAUX

À déguster tiède ou frais, nature ou habillé d'un coulis de fruits rouges.

TRANSIT FACILE (ANTICONSTIPATION)
POUR 4 PERSONNES
PRÉPARATION : 10 MINUTES
CUISSON : 12 MINUTES
REPOS : 3 MINUTES

INGRÉDIENTS : 150 g de graines de quinoa ; 30 cl de lait d'amande ; 200 g de pruneaux d'Agen ; 1 citron (non traité ou bio) ; 1 c. à c. d'arôme naturel vanille ; 1 c. à s. de miel.

- Plongez le quinoa dans le lait froid avec la vanille, portez à frémissements, puis couvrez et laissez mijoter à feu très doux pendant 12 minutes.
- Pendant ce temps, dénoyautez les pruneaux et coupez-les en petits dés.
- Pressez le citron, prélevez son zeste et râpez-le.
- Incorporez les pruneaux et le zeste dans le quinoa cuit, puis le miel et le jus de citron, mélangez bien et laissez gonfler à couvert pendant 3 minutes.

L'ASTUCE MAGIQUE. Les pruneaux ne vous conviennent pas ? Remplacez-les par 150 g de raisins secs sultanines, 200 g d'abricots moelleux, ou même 200 g de noix de coco râpée.

LE + DE LA RECETTE. Pour vous prouver notre désir de vous faire apprécier le quinoa, voici un dessert simplissime et vraiment délicieux. Ne commettez pas l'erreur d'ajouter du sucre dans cet entremets : il est tout simplement parfait comme cela.

Pour le choix du miel, c'est en fonction de vos goûts. Sachez simplement que plus un miel est foncé, plus il renferme d'antioxydants. Autant dire que celui d'acacia n'arrive pas en tête du classement… Mais il est si doux et, finalement, ce n'est pas une cuillerée qui changera profondément votre statut en antioxydants !

Quelques cuillères de douceur dans un monde de brutes

Nous sommes enfin rendus à la partie sérieuse du repas : le dessert. Là, on ne plaisante plus. Moment de pur bonheur et de totale douceur à l'horizon. D'ailleurs, si on menace les enfants turbulents de les priver de dessert, il y a une raison.

Seulement voilà, cet élément du menu ne doit pas être prétexte à avaler n'importe quoi, or les rayons des supermarchés regorgent de desserts peu recommandables : crèmes hyper-sucrées et grasses, pâtisseries diverses, glaces noyées sous les « toppings » types coulis de caramel ou de chocolat… en deux minutes, on peut anéantir tous les efforts diététiques consentis au plat principal !

Avec les recettes de dessert au quinoa, rien de tout cela : que du bon, on continue sur notre lancée des protéines végétales, de fibres (surtout avec les pruneaux !), de calcium (merci le lait d'amande). Bref, tous ces ingrédients-là, vous pouvez les combiner dans tous les sens, ils seront toujours bons pour votre santé et extra-doux au goût.

FIGUES FARCIES AU QUINOA AMANDINE

Évider les figues sans les percer est une opération un peu délicate mais le résultat vaut largement ce petit effort.

PROTECTION CARDIO-VASCULAIRE
POUR 4 PERSONNES
PRÉPARATION : 10 MINUTES
CUISSON : 22 MINUTES
REPOS : 3 MINUTES

INGRÉDIENTS : 12 figues fraîches ; 2 oranges ; 80 g de graines de quinoa ; 80 g d'amandes en poudre ; 2 c. à s. de miel ; 1 c. à c. de cannelle en poudre.

- Faites cuire le quinoa à l'étouffée (voir p. 44).
- Préchauffez le four à 210 °C (th. 7).
- Essuyez les figues. Découpez un chapeau à chacune, puis évidez-les. Pressez les oranges.
- Hors du feu, ajoutez la poudre d'amandes, le miel et la cannelle au quinoa. Incorporez la chair prélevée des figues, puis garnissez les fruits de cette préparation. Replacez leur chapeau, rangez-les dans un plat à gratin, mouillez du jus d'orange et enfournez 10 minutes.
- Servez tiède, arrosé du sirop recueilli au fond du plat.

L'ASTUCE MAGIQUE. La peau spongieuse des figues se détrempe rapidement : évitez lavage ou rinçage, essuyez-les simplement à l'aide d'un papier absorbant ou d'un torchon sec.

ET EN + C'EST BON ! Des fruits frais, des fruits oléagineux (amandes), des épices... voici encore un dessert qui pense à tout et surtout à vous faire plaisir. Vous allez pouvoir discrètement administrer à votre tribu des fruits sans soulever la moindre objection, ou étonner vos amis grâce à ces figues farcies à la fois raffinées et toutes simples.

Une vie sans figue...

... vaudrait-elle vraiment la peine d'être vécue ? Oui, sans doute, mais il manquerait quelque chose. Car de ce fruit hautement saisonnier, que retient-on, à part un pur moment de plaisir gustatif ? Des fibres, des fibres et encore des fibres, de toutes les sortes : celles qui accélèrent le transit, celles qui calment l'appétit, celles qui aident à contrôler le taux de cholestérol... Bref, c'est la fête des fibres. Pensez évidemment à ce fruit si vous souffrez de constipation, mais attention à ses petits grains en cas de système digestif très délicat. Les colitiques doivent donc s'en méfier, même si le problème se pose avec les figues sèches.

Pour tous les autres, sachez que la liste du mérite de la figue est loin d'être close. Madame nous gratifie de son calcium (deux fruits = 7 % des apports recommandés, tout de même !) et de divers minéraux essentiels. Un aliment de grignotage conseillé, évidemment préférable aux barres de céréales ou de chocolat bien grasses.

GÂTEAU CHOCO-QUINOA

Les graines de quinoa, en éclatant en cours de cuisson, donnent à ce gâteau une texture très légère.

SUPER-ANTISTRESS
POUR 4 PERSONNES
PRÉPARATION : 15 MINUTES
CUISSON : 25 MINUTES

INGRÉDIENTS : 100 g de graines de quinoa ; 100 g de farine semi-complète ; 150 g de poudre de petit déjeuner cacaotée ; 50 cl de lait d'amande ; 6 œufs ; 1 c. à s. d'huile d'olive ; 1 c. à s. d'arôme naturel vanille ; sel gris.

- Préchauffez le four à 150 °C (th. 5).
- Séparez les jaunes des blancs d'œufs. Salez ces derniers légèrement et montez-les en neige.
- Dans un saladier, mélangez la poudre cacaotée, la farine et le quinoa.
- Chauffez le lait, puis versez-le dans le saladier en fouettant. Ajoutez la vanille.
- Reportez la préparation sur feu doux pour la laisser épaissir pendant 5 minutes.
- Hors du feu, ajoutez les jaunes d'œufs un à un, puis incorporez les blancs.
- Versez la préparation dans un moule à manqué huilé et fariné, puis enfournez 20 minutes.
- Démoulez au sortir du four.

L'ASTUCE MAGIQUE. On trouve une poudre de petit déjeuner cacaotée au quinoa, plus savoureuse (et moins sucrée) que ses homologues traditionnelles.

LE + DE LA RECETTE. Toujours pas un atome de sucre ajouté dans ce dessert, qui, sans arborer l'étiquette « allégée », a pourtant bel et bien vocation à combler l'envie d'un bon dessert sans en payer le prix fort sur la balance. Le cacao et la vanille font tout le travail, en subtilité : ils parfument sans tomber dans le « sucrailleux ». Si on était de mauvaise foi, on pourrait même dire que plus vous en mangez, plus vous avalez de protéines et de fibres et donc mieux c'est pour votre ligne. Bon, n'exagérons rien, mais vraiment, allez-y les yeux fermés, reprenez une petite tranche, on vous l'offre avec plaisir. C'est pour la bonne cause…

Pour l'amour du chocolat

L'explorateur et géographe allemand Alexander von Humboldt a parfaitement bien résumé la situation : « La fève de cacao est un phénomène que la nature n'a jamais répété ; on n'a jamais trouvé autant de qualités réunies dans un aussi petit fruit. » Pour couper court à toute discussion portant sur les calories du chocolat (crainte éminemment discutable), nous vous proposons une recette à la poudre de cacao. Forcément très maigre (surtout dans sa version au quinoa, particulièrement bonne), cette poudre possède un pouvoir magique : elle vous propulse au pays du chocolat sans aucun risque pour la ligne.

Si vous préférez de la poudre de cacao classique, achetez un produit « de base », traditionnel, naturellement peu gras et sucré. Évitez toutes les marques pour petit déjeuner types « barres de céréales en poudre ».

QUINOA AU LAIT

Comme un riz au lait !

BONNE NUIT !
POUR 4 PERSONNES
PRÉPARATION : 2 MINUTES
CUISSON : 1 HEURE

INGRÉDIENTS : 125 g de graines de quinoa ; 60 cl de lait d'amande ; 1 bâton de cannelle ; 2 c. à s. de miel.

- Plongez le quinoa dans le lait froid avec la cannelle, portez à légère ébullition, puis maintenez à frémissements pendant 20 minutes.
- Baissez alors le feu au minimum et laissez mijoter très doucement pendant 40 minutes, en remuant de temps en temps. Assurez-vous que la préparation reste crémeuse, stoppez la cuisson dès que tout le liquide est absorbé.
- Incorporez alors le miel et mélangez bien.
- Servez tiède ou refroidi.

L'ASTUCE MAGIQUE. La cannelle est l'épice classique de ce genre de dessert, mais la vanille, la cardamome, la badiane ou même la réglisse (en bâton) apportent toutes leur touche parfumée originale et très agréable.

LE + DE LA RECETTE. Vous ne pourrez pas dire qu'on ne fait pas tout ce qu'on peut pour vous initier à une cuisine 100 % gourmande et super-allégée, sans pour autant recourir à des « faux-sucres » et autres produits discutables. Nous, c'est (vraiment) le goût !

Un lait peut en cacher un autre

Il n'y a pas que le lait de vache dans la vie ! Bien sûr, il peut servir à préparer ce dessert. Mais si nous vous indiquons le lait d'amande, il y a une raison, et même plusieurs. D'abord, côté cuisine, il a gagné sa place au soleil : les chefs, petits et grands, adorent proposer des desserts au lait d'amande, car sa douceur et sa saveur légèrement sucrée en font le candidat idéal à toute préparation destinée au dessert. Ensuite, pourquoi ne pas partir à la découverte d'autres saveurs ? On est là pour ça, oui ou non ?

Il existe bien d'autres laits végétaux, comme le lait de soja, ou encore les laits de riz, de noisette ou d'avoine. Chacun possède des propriétés spécifiques. Par exemple le lait de soja est très riche en protéines et renferme de la choline, une substance anticholestérol ; celui de riz est un grand classique en cas de dérangements intestinaux ; celui de noix est peu digeste mais bon pour l'immunité ; celui de noisette est particulièrement indiqué pour se reminéraliser ; et celui d'amande… est une mine de calcium.

On trouve certains de ces laits végétaux en grande surface. Toutes proposent du lait de soja, la plupart offrent aussi du lait d'amande. Mais pour les autres, c'est au gré de vos balades, en boutique bio ou diététique par exemple. Incroyable le nombre de produits originaux que l'on découvre dans ces magasins. Allez y faire un tour, vous serez étonné.

PUDDING AU QUINOA

Un gâteau un peu rustique, qui convient mieux au goûter qu'en dessert.

SUPER-DIGESTE
POUR 4 PERSONNES
PRÉPARATION : 7 MINUTES
CUISSON : 45 MINUTES

INGRÉDIENTS : 125 g de graines de quinoa ; 150 g de pain rassis ; 40 cl de lait d'amande ; 40 g de raisins secs sultanines ; 2 œufs ; 1 c. à c. d'arôme naturel vanille ; 1 c. à s. d'huile d'olive ; 4 c. à s. de sucre.

- Détaillez le pain en gros morceaux, puis trempez ceux-ci dans le lait avec le quinoa. Remuez de temps en temps jusqu'à ce que tout soit bien imbibé.
- Ajoutez alors les œufs, le sucre, les raisins secs et l'arôme vanille. Mélangez bien.
- Préchauffez le four à 180 °C (th. 6).
- Versez la préparation dans un moule à cake huilé, puis enfournez pour 45 minutes de cuisson.
- Démoulez tiède et dégustez froid.

L'ASTUCE MAGIQUE. Le sucre blanc peut être remplacé par 3 c. à s. de sucre de canne complet, blond ou roux. Plus fort en goût, il s'utilise en moindres quantités et ses apports nutritionnels sont bien plus intéressants. Il est généralement disponible au rayon bio du supermarché.

LE + DE LA RECETTE. En dehors de sa rusticité relative, ce gâteau est effectivement « prévu » pour le « 4 heures » en raison de sa teneur en sucre, toute relative mais plus élevée que dans nos autres recettes sucrées. Si vous avez été attentif à la lecture des principes de la chrononutrition (p. 129), vous avez lu que le meilleur moment pour consommer du sucre, c'est au goûter. C'est à cette heure bénie, entre 16 heures et 17 h 30 globalement, que notre corps prend le mieux en charge le sucre, qu'il nous apporte la plus belle énergie, et qu'il risque le moins de se transformer en graisses… donc en vilains kilos.

Pain quotidien

Bien sûr, votre pain rassis, c'est le même que celui que vous consommez frais au quotidien, c'est donc du pain complet. Sa mie est « marron » et peut-être même renferme-t-il des graines ou des céréales concassées. En tout cas, ce n'est pas du pain blanc : pas de la baguette, et encore moins du pain extra-moelleux type pain de mie emballé sous cellophane, vendu en supermarché !

C'est bien de pain dont nous parlons et, comme expliqué en p. 21, le pain blanc, donc fabriqué avec de la farine blanche, raffinée, apporte des sucres plus rapides que tous les pains dits « spéciaux » que vous trouverez chez votre boulanger. Pour vous en convaincre, faites ce simple test : un matin, mangez du pain blanc au petit déjeuner. Le lendemain, mangez du pain complet. Ne modifiez rien d'autre à vos habitudes. Résultat : le premier jour, il y a toutes les chances pour que vous soyez victime d'une belle fringale dans la matinée. Aucun risque avec le pain complet, car ses fibres et ses minéraux rendent ses sucres bien plus lents !

PETIT LEXIQUE CULINAIRE

BLONDIR, LAISSER FONDRE, FAIRE REVENIR…

Blondir un aliment (comme l'oignon) consiste à le colorer très légèrement dans un peu de matière grasse à feu modéré.

Le laisser fondre implique une cuisson très douce et plus longue, jusqu'à ce qu'il ait perdu sa consistance solide. C'est l'idéal pour les fruits.

On le fait revenir à feu plus vif, en le laissant sauter quelques minutes pour le saisir (viande, oignon).

CISELER, ÉMINCER, HACHER, MIXER

On cisèle (souvent des herbes) avec, comme le nom l'indique... une paire de ciseaux, pour obtenir de toutes petites pluches.

On émince (un oignon, un légume) avec un petit couteau de cuisine, quand il s'agit de découper en tranches fines et régulières.

Hacher suppose l'utilisation d'un hachoir ou encore d'un couteau bien fin, pour réduire un aliment en tout petits morceaux.

On mixe lorsque l'on veut obtenir une poudre fine (noix, noisettes) ou une préparation bien homogène (soupe, sauce).

DÉGLACER

En un seul verbe, plusieurs opérations et une multitude de saveurs ! Déglacer suppose d'abord de verser un peu de liquide dans le fond d'un récipient dans lequel une préparation a mijoté, puis de bien remuer pour dissoudre les sucs de cuisson et récupérer tous leurs arômes. Le fond de sauce qui arrosera le plat final sera ainsi infiniment plus riche en goûts.

ÉMULSIONNER

Pour amalgamer parfaitement plusieurs ingrédients (souvent liquides) et obtenir un mélange bien homogène, il faut les battre vivement pendant quelques instants : les émulsionner.

LIER

Lier une préparation avec un peu de crème, de farine, de fécule ou d'œuf, lui donne une consistance épaisse et veloutée.

MIJOTER

Cuisson douce et régulière, le mijotage se pratique sur une flamme réduite et interdit d'arriver jusqu'à l'ébullition.

MONTER DES BLANCS EN NEIGE

Une neige ferme s'obtient avec des blancs très purs (sans une once de jaune), à température ambiante, et légèrement salés, battus d'abord doucement (1 minute au fouet à main), puis plus rapidement (au fouet électrique), jusqu'à ce que la pointe d'un couteau forme une entaille qui ne se referme pas.

PELER DES POIVRONS

Plutôt que de laisser la peau des poivrons se décoller sous le gril (procédé générant des composés toxiques), prélevez-la au couteau économe. Une méthode plus saine, mais qui exige des légumes très frais et bien fermes.

RÉSERVER

Il s'agit de mettre de côté une partie des aliments au cours de la préparation pour les utiliser plus tard. On réserve tantôt au réfrigérateur, tantôt au chaud (à four très doux ou à la vapeur), tantôt simplement à température ambiante.

SÉCHER DES HERBES

Avant d'utiliser des fines herbes en cuisine, on conseille de les rincer sous l'eau claire, puis de les sécher délicatement, en les pressant entre deux feuilles de papier absorbant.

ZESTE

Pour prélever facilement la peau des citrons et oranges qui renferment des composés essentiels aux saveurs inimitables, rien de mieux que votre épluche-légumes ou votre couteau économe habituel. Veillez à laisser le blanc sur le fruit, puis détaillez le zeste prélevé en fins bâtonnets.

TABLE DES MATIÈRES

DANS LA MÊME COLLECTION, AUX ÉDITIONS QUOTIDIEN MALIN

Mes petites recettes magiques aux protéines végétales

Anne Dufour et Carole Garnier

Pages : 224
Prix : 6 euros
ISBN : 978-2-84899-507-6

Manger plus « végétal » vous tente, mais vous ne savez pas trop comment vous y prendre ? Ce livre vous explique comment associer les bons aliments entre eux pour obtenir des protéines complètes, sans viande ni œuf ni poisson. Idéales pour la santé et la ligne, délicieuses, écologiques, économiques, les protéines végétales ont d'incroyables bienfaits.

Au programme :

- **Une initiation pour les superdébutants :** les 4 étapes pour se lancer dans les protéines végétales, avec seulement quelques aliments de votre placard ou du supermarché en bas de chez vous.
- **Votre premier repas 100 % végétarien,** mode d'emploi. Faites un vœu !
- **Les 13 champions en protéines végétales :** pâtes, pois chiches, quinoa… Du petit déjeuner au dîner, mettez du « vert » dans votre quotidien, un peu, beaucoup ou passionnément.
- **Où trouver les plus « étonnantes »** (seitan, tofu soyeux…), comment les cuisiner ?
- **Et 100 recettes pas du tout « bizarres » :** Muesli à la pomme, Flamküche aux poireaux, Risotto magique à l'épeautre, Crumble pomme-cerise, Lait de châtaigne…

POUR PROFITER DES BIENFAITS SANTÉ DE LA CUISINE VÉGÉTARIENNE ET SE RÉGALER !

Mes petits desserts magiques sans gluten

Carole Garnier

Pages : 208
Prix : 6 euros
ISBN : 978-2-84899-561-8

Crumble, tarte tatin, cookies, muffins, crêpes... Vous êtes intolérant au gluten et avez fait une croix sur ces petits plaisirs de la vie ? C'est dommage ! Et en plus vous avez tort. Car avec les bons ingrédients et les bons conseils, vous allez pouvoir en profiter. Fini l'impression d'être privé de dessert...

Dans ce livre, découvrez :

- **Les desserts sans gluten en 16 questions/réponses :** Pourquoi manger sans gluten ? Où trouver les farines adéquates ? Quelles sont les astuces pour des gâteaux bien moelleux ?...
- **Les ingrédients de base des desserts sans gluten :** agar-agar, crème de soja, farine de châtaigne, lait d'amande, chocolat...
- **Et bien sûr, des recettes gourmandes et simplissimes :** muffins aux cranberries, muffins black & white (les recettes de couverture), cake marbré au cacao, sablés tout amande, tarte au chocolat, tarte aux fraises, crumble pêches-abricots...

SE FAIRE PLAISIR MÊME SANS GLUTEN, C'EST FACILE !

Vous voudriez recevoir notre catalogue par la Poste ? On vous l'enverra avec grand plaisir. Il vous suffit de photocopier, recopier ou découper ce formulaire et nous le retourner complété à :

Éditions Leduc.s, 17 rue du Regard, 75006 Paris

NOM : ....

PRÉNOM : ....

ADRESSE : ....

....

CODE POSTAL : ....

VILLE : .... PAYS : ....

Si vous souhaitez être tenu au courant de nos publications et de l'actualité de nos auteurs, et/ou recevoir notre catalogue au format PDF, complétez les champs ci-dessous :

E-MAIL : .... @ ....

Nous souhaiterions mieux vous connaître :

Quelle est votre ANNÉE DE NAISSANCE : ....

et votre PROFESSION : ....

Magasin dans lequel vous avez acheté *Mes petites recettes magiques au quinoa* :

....

Nous sommes à votre écoute : faites-nous part de toutes vos suggestions et votre avis sur le livre que vous venez de lire :

....

....

....

....

À ....   LE ....

MERCI ET À BIENTÔT !

Vous pouvez aussi répondre au formulaire disponible sur Internet : **www.editionsleduc.com** ou prendre contact avec notre service client à **info@editionsleduc.com**.

Achevé d'imprimer par
Black Print CPI Ibérica S.L.
Sant Andreu de la Barca (08740)
Dépôt légal : juin 2013